高校思政教育工作建设研究

李君霞　张　玲◎著

图书在版编目（CIP）数据

高校思政教育工作建设研究 / 李君霞，张玲著．--
北京：中国书籍出版社，2023.12

ISBN 978-7-5068-9685-6

Ⅰ．①高… Ⅱ．①李… ②张… Ⅲ．①高等学校－思
想政治教育－研究－中国 Ⅳ．① G641

中国国家版本馆 CIP 数据核字 (2023) 第 233920 号

高校思政教育工作建设研究

李君霞　张　玲　著

图书策划　成晓春
责任编辑　毕　磊
封面设计　博健文化
责任印制　孙马飞　马　芝
出版发行　中国书籍出版社
地　　址　北京市丰台区三路居路 97 号（邮编：100073）
电　　话　（010）52257143（总编室）（010）52257140（发行部）
电子邮箱　eo@chinabp. com. cn
经　　销　全国新华书店
印　　刷　天津和萱印刷有限公司
开　　本　710 毫米 ×1000 毫米　1/ 16
字　　数　200 千字
印　　张　11.75
版　　次　2024 年 5 月第 1 版
印　　次　2024 年 5 月第 1 次印刷
书　　号　ISBN 978-7-5068-9685-6
定　　价　72.00 元

前 言

思政教育是以人的思想为对象的教育活动，它旨在激发人们强大的动力，引导人们走向正确的方向，迈向未来。高校在党和国家的意识形态工作中履行着非常重要的职责，需要深入探讨和传播马克思主义思想，同时积极倡导和实践社会主义核心价值观。高校的使命不仅仅是教授知识，还包括培养符合社会主义建设要求、能够全面发展德智体美劳的合格人才以及有能力接替前辈的可靠接班人，而高校的思想政治理论课（简称思政课）则是对大学生进行思想政治教育和价值引导的主渠道。我们只有正确认识和把握高校思政教育的特点，才能有针对性地开展思政教育，使思政教育取得实效，完成高校人才培养的重任。当前，思政课的实践教学还存在着诸多不足，需要引起我们的重视。现今的大学生的理想信念和价值观念受到各种社会思潮和思想文化的相互渗透和影响，从而日益多元化。从大环境来讲，需要政府、社会和家庭积极参与，提供支持帮助；从小环境来讲，需要全体教职工同心协力、以身作则、言传身教、教书育人。本书将围绕高校思政教育工作建设展开研究论述。

本书第一章为高校思政教育概述，分别介绍了思政教育的地位与作用，高校思政教育的现状，当前高校思政教育的主要问题和高校思政教育的生活化、系统化、现代化四个方面的内容。第二章探讨高校思政教育教师队伍建设，主要探讨了四个方面的内容，依次是高校思政教师队伍发展现状、加强高校思政教师队伍建设的重要性、高校思政教师素质能力需求、高校思政教师队伍建设的总体思路和策略。第三章论述高校思政教育机制建设，分别论述了四个方面的内容，依次是高校思政教育考核评价机制概述、高校思政教育激励约束机制建设、高校思政教育保障机制建设、大数据背景下高校思政教育的评价机制。第四章论述高校思政教育的路径拓展，依次论述了强化新时期高校思政教育的主渠道、建设新时期高校校园文化建设的小环境、开拓新时期社会实践活动的大课堂、用好新时期网络思政教育的新手段四个方面的内容。第五章为全媒体环境下高校思政教育创新研究，主要对以下四个方面内容进行了论述，分别是全媒体环境下高校思政教育创新的原则、主题网站在高校思政教育中的创新应用、高校思政金课品牌传播创新研究、高校思政教育手机引导机制创新研究。

在撰写本书的过程中，作者参考了大量的学术文献，得到了许多专家学者的帮助，在此表示真诚感谢。本书写作力争内容系统全面，论述条理清晰、深入浅出，但由于作者水平有限，书中难免有疏漏之处，希望广大同行及时指正。

李君霞
2023 年 7 月

目　录

第一章 高校思政教育概述

思政教育是社会主义精神文明建设的首要内容。加强高校思政教育工作，要在科学、准确地分析和理解高校思政教育内涵的基础上，发挥思政教育的主渠道和主阵地作用，提高思政教育的实效性，使思政意识入脑、入心，大学生自觉接受并践行其思想，进而在社会实践中发挥积极作用。

第一节 思政教育的地位与作用

一、思政教育的概念

目前，学术界对于思想政治教育的概念呈现了多种观点，学者们从多个角度对其进行界定和诠释。因为思想政治教育的定义不同，其教育目标与内容也具有多样性。例如，将思想政治教育阐释为"社会或社会群体用一定的思想观念、政治观点、道德规范，对其成员施加有目的、有计划、有组织的影响，使他们形成符合一定社会或一定阶级所需要的思想品德的社会实践活动"[①]或"一定阶级或政治集团，为实现一定的政治目标，有目的地对人们施加意识形态影响，以期转变人们的思想，进行指导人们行动的社会行为"。[②]通过这一定义，我们可以清楚地将教育者和教育对象区分为主体与客体。教育者会注入思想、政治观点和道德规范等，希望转变教育对象的思想道德观念。根据某些学者的观点，思想政治教育旨在逐步使受教育者接纳和认同某种思想、政治和道德规范，并将其融入自身的思想品格体系中。因此，思政教育可以定义为"教育者根据一定社会的思想品德要求和受教育者的思想品德发展规律，有目的、有计划地把社会意识转化为受教

① 张耀灿．思想政治教育学原理 [M]．北京：高等教育出版社，2001.

② 苏振芳．思想政治教育学原理 [M]．厦门：厦门大学出版社，2000.

育者思想品德的过程”。[①] 一些学者认为思想政治教育主客二分式的定义方式是有争议的，他们从主体间性入手界定这个概念，将思想政治教育定义为“在适应和推动社会发展的过程中，教育者和受教育者以正确的思想、政治和道德理论为指导，通过提高思想、政治和道德素质促进全面发展的学习过程”[②]。

其他国家或历史上的意识形态教育活动与我国在马克思主义理论指导下进行的思想政治教育活动在本质上存在显著差异，因此不能将它们简单地称之为思想政治教育。我们只关注具有马克思主义本质特征的思想政治教育，因此，在探讨相关理论和问题时，要根据马克思主义的原则，运用科学的研究方法，建立思想政治教育科学体系，组织并推进相关研究工作。综上分析，目前学术界对于思想政治教育的概念定义存在多种看法，尚未形成一个被广泛认可的权威性定义。如果不清楚其定义这一概念，就会阻碍对思想政治教育理论和实践的深入探讨。

本书旨在探讨思想政治教育的内涵，通过分析当前概念来实现该目的。我们认为，思想政治教育是以马克思主义为指导，运用符合中国特色社会主义本质要求的思想观念、政治观点和道德规范，促进学生全面发展，使之对社会主义建设事业作出贡献和进行传承的教育实践活动。

第一，在我国，马克思主义是思想政治教育理论基石。早期前辈们积极参与了宣传和推广马克思主义的行动，启动革命时期的思想政治教育活动。尤其在五四运动之后，中国的马克思主义者更加坚信，只有靠由工人阶级领导的无产阶级革命才能推进中国的革命事业。随后，他们采用出版杂志、发表文章、成立研究团体、翻译马克思主义经典著作等方式为建立中国的无产阶级政党和党的思想政治教育打下坚实的基础。马克思的一项伟大贡献是提出了唯物史观，该观点通过揭示自然界和人类社会以及人类发展的规律，阐明了无产阶级为解放全人类、推动人类全方位发展所肩负的历史使命。此外，马克思主义为我国的思想政治教育实践提供了理论上的依据和支持。马克思主义科学理论是我党的思想基础，也是党的最显著的标志之一。唯物史观和唯物辩证法是科学领域的基石和方法论，是无产阶级政党在思想和实践方面的主要支柱。我们应以马克思主义理论为指导，深入探究人类社会和个体发展规律，合理策划和组织思想政治教育活动，帮助人

① 卢文忠. 试论主体性德育的建构理路 [J]. 黑龙江高教研究，2006（8）：73-76.

② 邓艳葵. 关于“思想政治教育是一种精神生产力”命题的研究——基于马克思主义人与社会发展理论的探讨 [J]. 学术论坛，2014（3）：174-176.

们追求更高的目标，为实现个人全面发展而不断努力。

第二，我国的思想政治教育所包含的理念、政治观点和道德准则要符合中国特色社会主义核心价值观。随着时间推移，思想政治教育的内涵也会发生变化。在中国共产党成立初期，宣传马克思主义是最重要的思想政治教育内容和任务之一，需要进行激烈的思想斗争。在党的创立初期，我们党思想政治教育的首要使命是推广马克思主义，给予广大人民群众思想上的武装，提升他们的思想水平，引领工农革命斗争。中华人民共和国成立后，我国进入了从新民主主义向社会主义过渡的时期，着手进行社会主义建设。此时，思想政治教育的内容和任务也发生了改变。在此时期，思想政治教育的重点是强化人民民主政权、振兴国民经济、完善社会主义制度等工作，积极推进意识形态领域的教育活动，以此实现过渡时期总路线的学习和传播。此外，开展广泛深入的宣传教育，培育爱国主义情感和集体主义精神也是思想政治教育的重要内容。新时代下，思想政治教育得到了扩展。

虽然历史上的思想政治教育有不同的目标和内容，但它一直致力于传播马克思主义，促进人们的思想和道德素养全面提高。为了推进中国特色社会主义建设，需要调整思想政治教育的目标和内容，以符合中国特色社会主义的本质要求。这意味着我们需要重点强调新时代的思想观念、政治观点和道德规范。只有坚守这一准则，才能凸显马克思主义在中国思想政治教育中独特的学科色彩。同时，我们还区分思想观教育、政治观教育和道德观教育中与政治学、法学、伦理学等相关学科中相同的概念。思想政治教育是一种涉及多种观念的综合性意识形态教育。只有全面理解新时代思想政治教育的新内涵和新任务，方可提高我国思想政治教育的时代性和亲和力，挖掘新思路，创新新方法，开创新道路。

第三，我国的思想政治教育旨在培养学生成为社会主义建设者和未来的接班人。就像之前所述，思想政治教育旨在培养社会主义建设者和继承者，让人们对世界、人生、价值等方面有正确的认识，养成与之相符的良好思想道德习惯，统一思想与行动，使其成为构建中国特色社会主义的坚实力量。

二、思政教育的社会地位

（一）马克思主义理论教育的基本途径

马克思主义是马克思、恩格斯所创立的关于自然、社会和思维发展的普遍规律的学说，是关于资本主义发展以及社会主义和共产主义发展普遍规律的学说。马克思主义这一科学理论关注的焦点是无产阶级以及全人类的解放。它探讨了无产阶级斗争的特性、目标和解放条件，成为无产阶级认识世界和改变世界的思想工具。中国特色社会主义建设得到了马克思主义和中国化马克思主义的理论支持。为了让广大人民群众深刻理解和全面掌握科学的马克思主义世界观和方法论，我国必须进行马克思主义理论教育，发挥其指导作用。思政教育是马克思主义理论教育的重要途径，也是实现马克思主义理论价值的必经途径。

只有得到人民群众的认可和支持，马克思主义和中国化的马克思主义才能成为推动社会进步的力量，符合现实需求。马克思指出："批判的武器当然不能代替武器的批判，物质力量只能用物质力量来摧毁；但是理论一经群众掌握，也会变成物质力量。理论只要说服人，就能掌握群众；而理论只要彻底，就能说服人。所谓彻底，就是抓住事物的根本。"[①] 值得注意的是，理论转化为物质力量要通过一个中介——人，也就是说，理论要"掌握群众"才能转化为物质力量，而理论要"掌握群众"，除了理论本身要彻底具有科学性外，毫无疑问要靠宣传教育来实现。思政教育是将马克思主义理论变为物质力量的重要途径。通过系统的思想政治教育，让人民群众深入地理解和应用马克思主义理论，使其确立正确的价值观，掌握科学的方法，提高认识世界和改造世界的能力，投入到中国特色社会主义建设中，从而将马克思主义理论转化为现实推动力。实践表明，我国思政教育在这方面发挥着重要作用。在新民主主义革命时期和社会主义革命与建设时期，在改革开放的新时期，正是因为我国坚持对广大人民群众进行马克思主义理论教育，使马克思主义成为广大人民群众改造社会的强大武器，中国社会才发生了翻天覆地的变化，并以此获得了巨大的发展。

在21世纪，要继续推进中国特色社会主义事业，使马克思主义理论的价值得到充分体现，就必须进一步加强对广大人民群众的马克思主义理论教育。在21世纪，多媒体已经深入社会经济、文化、政治、生活等诸多方面，成为信息化浪潮中与国家前途息息相关的重要因素。多媒体克服了传统媒体信息传递速度慢的弱点，使马克思主义经典著作、马克思主义中国化成果可以在短时间内通过互联网传播到世界各地，让更多的人了解并逐步认同这一科学理论。多媒体的不断发

① 罗斌．全球通史荟要（第3卷）[M]．长春：吉林出版集团有限公司，2015.

展，使马克思主义价值体系的认知方式从静态变为动态，从现实走向网络。通过多媒体，马克思主义思想的传播范围相比传统方式有了更广泛的影响。利用多媒体技术，可以更方便地传播马克思主义理论知识，推动更多人接受和信仰马克思主义，可以克服以往信息被动接受、缺乏互动的限制，促进传达者与接受者之间更广泛、直接、深入的互动。受众不再是被动地接收信息或看法，而可以随时通过微博、微信等平台表达自己。多媒体技术的运用能够激发各方进行互动，每个人都能够发挥作用。

（二）社会主义精神文明建设的基础工程

第一，思政教育是社会主义精神文明建设中的重要部分。在社会主义精神文明建设中，思想道德、教育科学文化相互关联、相互促进。思想道德建设是精神文明建设的核心，因为它体现了精神文明建设的主导方向和本质特征。如果不重视思想道德建设，就没有社会主义精神文明建设。我国的思想道德建设的主要任务是用马列主义和中国特色社会主义理论对公民进行教育，并不断提升其思想政治素质。因此，促进思想道德建设，就在对人民开展思想政治教育。

第二，思政教育是完成社会主义精神文明建设根本任务的基本途径。思政教育以培养人为己任，这一任务理所当然地成为思政教育的根本任务。持续推进思想政治教育，积极宣传社会主义核心价值观，帮助人们树立正确的人生观、世界观和价值观，推动中国特色社会主义事业的发展，确立社会主义荣辱观，培育以爱国主义为核心的民族精神和以改革创新为核心的时代精神，这样才能较好地培育“四有”新人。所以，只有强化思想政治教育，才能顺利完成精神文明建设的主要任务。

第三，思想政治教育是保障教育科学文化一直符合社会主义本质和目标的根本措施。唯有教育科学文化部门的党组织进行有力的思想政治教育，方可保障党的路线、方针和政策得到落实，实现党对思想政治的引领，从而确保教育、科学和文化始终走向社会主义之路，更好地为社会主义现代化事业服务。比如，教育部门需要强化思想政治教育，确保遵循党的教育方针顺应社会主义发展的方向；为了让科学研究服务于现代化建设，科学研究部门要加强思想政治教育；为确保文艺服务于人民、社会主义事业的方向，文艺部门要加强思想政治教育工作；新闻出版部门要通过加强思政教育，生产更多更健康的精神产品，引导人们积极向上，达到较高的精神境界。可见，加强思政教育是坚持教育科学文化建设的社会主义性质和方向的根本保证。实际上，培养适应社会主义现代化建设需求的“四有”新人是教育科学文化建设的核心问题，文化建设的所有方面都要以人为中心。教育需要考虑培养什么人，科学和文学艺术需要考虑为什么人服务，新闻出版、广播电视和网络等媒体需要思考如何引导人的问题。思政教育是我国教育科学文化建设的重要内容，而思政教育最重要的任务是培养“四有”新人。因此，教育科学文化建设要靠思政教育来保障其发展方向。

第四，思政教育的实施需要精神文明建设的目标为依据。我国精神文明的建设旨在培养民众坚定中国特色社会主义共同理想，并始终贯彻党的基本路线。加强公民的政治素养、法律意识和道德标准，提高人们的精神文化水平，实现物质文明和精神文明的良性互动。今天，根据我国精神文明建设的目标，我们更应注重马克思主义教育、提高个人思想道德修养以及加强科学文化教育，给精神文明建设注入强大的精神动力。

（三）完成建设中国特色社会主义各项任务的中心环节

在新民主主义革命的阶段，思政教育是全党参与重大政治斗争的核心所在。如果这项任务没有完成，所有的政治任务都无法实现。在社会主义建设阶段，政治工作是经济活动的关键。尤其是在社会经济制度大变革的时期，这种趋势更为明显。在社会主义现代化建设新时期，国家进一步强调“思想政治工作是经济工作和其他一切工作的生命线”。[①] 可以看出中国共产党一直非常注重思政教育，它不仅是党和国家任务的重要组成部分，更是各项任务的核心部分。“中心环节”是对新时期思政教育战略地位的高度概括。在21世纪，思政教育的这一地位更加突出。要将中国特色社会主义伟大事业向前推进，就必须坚持不懈、深入持久地对广大人民群众进行思政教育，为完成中国特色社会主义事业各项任务提供思想保证和精神动力。

在中国的社会主义建设中，政治、经济、文化、教育和科技等多个领域中，思想政治教育扮演着不可或缺的角色。从某种意义上讲，思政教育与中国特色社会主义事业的其他方面处于同等重要的地位，因为所有这些方面都是中国特色社

① 光明日报.牢固树立“生命线”意识[EB/OL].（2000-01-11）[2023-07-21].https://www.gmw.cn/01gmrb/2000-01/11/GB/01%5E18298%5E5%5EGMB1-110.htm.

会主义建设所需要的，都从特定方面推动着中国特色社会主义建设的发展。在中国特色社会主义建设中，思想政治教育具备极其重要的作用，能够直接塑造人们的思想道德素质，激发人们的创造性和主动性，推动人民更加积极地参与各项社会活动。该功能是思想政治教育所具有的独特特征，是中国特色社会主义事业的其他领域无法替代的。完善中国特色社会主义的任务，就需要有高素质的人才，而思政教育就是提高人们思想道德素质、认识世界和改造世界能力、提高工作积极性的重要环节，否则会干扰中国特色社会主义建设。因此，思政教育应与经济工作密切结合。在开展业务工作时，需开展思想政治教育，积极发挥先进思想和革命精神的重要作用；在进行思想政治教育时，应将其应用到业务工作中，将业务工作与思想政治教育相结合。如果思政教育脱离了经济、技术等业务工作，就容易陷入“空头政治”的境地，失去现实意义；在经济、技术等业务工作中，如果忽略思政教育，就会失去方向，正如不注意思想和政治，成天忙于事务，那会成为迷失方向的经济家和技术家，很危险中所说的一样。由此可见，只有做好思政教育工作，才能保证经济、技术工作沿着中国特色社会主义的方向前进，才能真正调动广大干部、群众的积极性、主动性和创造性，从而圆满完成中国特色社会主义事业的各项任务。

三、思政教育的作用

（一）导航作用

思想政治教育的方向和目的决定了它的导航作用。思想政治教育是特定阶级或集团为了达到实现其经济利益和政治控制目的而对人们进行的意识形态方面的影响，这表明它具有方向性和目的性。因此，导航功能成为思想政治教育的核心功能。以下是其主要表现。

1. 对经济的导航

人类社会可以被概括为三个主要方面，即经济、政治和思想文化领域。经济领域是我们生存和进步的基础。但由于物质物品的生产、分配、交换和消费及人们的经济生活中不具有定向性，所以无法解决它们是朝着社会主义方向还是资本主义方向发展的问题。

在历史唯物主义看来，经济决定政治、思政教育，政治是经济的集中反映，经济是第一性的，政治、思政教育是第二性的。政治、思政教育一经产生和形成，又能动地反作用于经济，为经济服务，并确保经济关系、经济活动沿着实现本阶级经济利益的方向前进，从而对经济起着导航的作用。

思政教育不同，对经济的导向也就不同：先进阶级和团体的思想政治教育能够促进经济的发展，推动社会的不断进步；反之，落后的阶级和团体的思想政治教育则会妨碍经济的发展，导致经济倒退，危及整个社会经济的繁荣和稳定。从阶级分析看，每个阶级都试图通过思想教育来推动经济朝着符合自身利益的方向发展，以维护本阶级的利益为目标。如资产阶级的思政教育，就是为了使经济始终沿着资本主义的轨道发展，以巩固生产资料的资本主义私有制。而社会主义的思政教育，就是要使经济沿着社会主义的方向发展。如果社会主义的思政教育蜕变为资产阶级的思政教育，那么，社会主义的经济就会沿着资本主义经济的航向发展。因此，思政教育对经济具有重要的导航作用。

2. 对理想信念的导航

崇高的理想和卑劣的理想、科学的信念和非科学的信念的形成是不同思政教育的结果。正确的思政教育能够帮助人们树立崇高的理想，确立科学的信念；错误的思政教育能使人形成卑劣的理想，使人接受非科学的信念。例如，用马克思主义的科学理论教育人们，就能使人们树立在21世纪实现我国社会主义现代化的共同理想，树立为实现共产主义而奋斗的崇高理想，确立社会主义和共产主义的信念；如果用封建迷信去教育人，就能把人引向深渊，引向自我毁灭的道路。因此，思政教育对人们的理想、信念起着方向性的指导作用，即起着导航的作用。

3. 对行为的导航

行为指的是在思维驱动下展现出来的外部活动，包括行动、动作和行为。人的行为是极其复杂的，有经济行为、政治行为、法律行为、道德行为、宗教行为、精神文化行为，还有生理行为、操作行为等。

在人的复杂行为中，有正确的行为，也有不正确的行为。人的行为是受思想支配的，思想是行为的先导，行为是思想的反映。而人的思想又是各式各样的，有正确的思想，也有错误的思想，不同的思想会产生不同的行为。

人的思想不是天生的，而是思政教育的结果。人们接受不同的思想教育后，会形成不同的思维模式和行为。所以，思政教育引导着人们的行为。

随着人类实践经验的积淀，人们形成了一定的行为规范，如政治、经济、道德、法律等行为规范。人们的行为规范又是千差万别的，有先进的、正确的，也有落后的、错误的，不同的行为规范会使人们产生不同的行为。

人们的行为规范是在实践中积累起来的，国家通过思政教育把它们传播、灌输给人们，使人们将其内化为自己的思想信念，并逐渐转化为自己的行为。然而，不同的思政教育会使人们按照不同的行为规范方向活动。先进的、正确的行为规范教育，能使人们沿着正确方向前进，相反，则会使人们沿着错误方向行进。因此，思政教育对人们的行为起着导航作用。

4. 对思想道德和科学文化教育的导航

科学文化和思想道德文化代表着人类文明的精华，是人类社会前进的结果，是经过长期积累和发展的珍贵文化财富。它们的性质取决于社会的物质生产方式和经济基础。每个阶级都拥有自己的思想道德、科学文化教育。科学文化教育和思想道德教育本身缺乏方向性，它们具备什么特征？属于哪个阶层？朝什么方向发展？它们与社会的经济基础紧密相连，同时也与思想政治教育密不可分，即用哪个阶级的思想政治来进行教育，关系到思想道德和科学文化教育的阶级性质和发展的方向。事实上，任何阶级的思想道德和科学文化教育都是在一定的思想政治指导下进行的，而这些建设中又渗透着思政教育，思政教育成了这些建设的灵魂。就是说，思政教育对思想道德和科学文化的发展起着导航的作用。如果用资产阶级的意识形态进行教育，那么思想道德教育就有可能被导向资本主义的方向，科学文化可能成为资产阶级掌控的工具，思想道德和科学文化教育将具有资产阶级的属性。如果将马克思列宁主义的理论和方法融入教育中，就可以引导思想道德教育朝着社会主义方向发展，并为工人阶级服务。因此，无产阶级思想政治教育保证了思想道德和科学文化教育朝着社会主义、共产主义的方向前进。

（二）育人作用

思想政治品格的培养是思政教育的任务，思政教育的对象是人。因而，育人是思政教育的基本功能。

人的思想政治品德素养不是先天形成的，而是后天培养教育的结果。英国哲学家洛克说：“我们的心灵是一张白纸，上面没有任何记号，没有任何观念，一切观念和记号都来自后天的经验。”[①]我们的全部知识是建立在经验上面的，知识归根到底都源于经验。洛克的看法是唯物主义的。从母体中诞生出一个新的生命时，他们的头脑中一片空白，随着新生命体的发育，家长们教孩子说话、走路，到三四岁时，孩子有了自我意识，家长、幼儿园教师通过讲故事、教歌谣等方式向孩子灌输做好人、不做坏人的思想。此后，社会、家长、学校不断对青少年进行思想政治品德等方面的教育。这就是说，我们是通过思想政治品德教育来培养和塑造青少年一代的。在人的成长中，人一刻也离不开思政教育，国家通过思政教育来培养一代代的人。

但是，不同的思政教育会培育和塑造不同类型、不同性质的人。奴隶社会，奴隶主阶级为了稳固其经济和政治地位，兴建了多所学校，向年轻人和全社会灌输了奴隶主阶级的政治信仰，即灌输君臣、父子、等级、特权思想，以培养效忠奴隶主阶级的接班人。在我国的封建社会中，封建地主阶级极力灌输“三纲五常”“三从四德”思想，灌输君君、臣臣、父父、子子的思想，提倡忠孝节义，以培养封建地主阶级的接班人。在资本主义的社会中，资产阶级在“自由、平等、博爱”的口号下竭力向人们宣扬“金钱万能论”和利己主义的人生观、价值观，以培养资产阶级的接班人。在社会主义社会中，建立了生产资料的公有制，无产阶级展开“为人类幸福工作”和“为人民服务”的教育，以培养造就无产阶级革命事业的接班人、社会主义的建设者和共产主义一代新人。

（三）调节作用

大学中的思想政治教育采用各种手段调节学生的心理、情感和人际关系，包括民主、说服、调和、交流、咨询、评估等方法，增强思想学生的意识、培养全新的人际关系模式，从而促进和谐校园和和谐社会的发展。

事物总是在不断运动、变化和发展的，大学生的思想也是如此，一种是走向正确的、积极的、进步的方面，另一种是朝着错误的、消极的、不先进的方向发展。这就要求多媒体时代高校思政教育者必须及时了解大学生思想的变化并及时加以调节：推进第一种变化，抑制第二种变化，并尽可能使第二种变化降到最低程度。

调节功能需要通过一定的途径或手段来实现。高校思政教育调节的途径主要

① [英]约翰·洛克.人类理解论[M].马昆译.北京：中国社会出版社，1999.

有如下方面。

1. 心理调适

大学生的任何一种活动都伴随有一定的心理现象。大学生的思想问题与心理因素紧密相关。例如，大学生的自卑、抑郁、恐惧、焦虑、厌世、偏执、逆反等心理问题往往与大学生的某些思想问题紧密相关。因此，教育部曾多次发文，要求高校在对大学生进行思政教育时，要及时了解大学生心理活动的规律和特点，开展好心理健康教育工作。运用心理调适方法（如心理咨询法、消极情绪调节法、身体锻炼调节法、角色换位法等），就是为了有效地解决大学生的思想问题，帮助大学生克服心理障碍，提高其心理健康水平。

2. 情绪调控

在大学生心理方面，情绪扮演着重要的角色。人们在日常生活中，要努力调节和掌控自己的情绪。

大学阶段是人生的第二个“心理断乳期”，是一个非常关注自我、注重个性表达、情绪体验丰富、情绪波动起伏较大的时期。大学生的情绪可分为积极情绪和消极情绪两种。

大学生在日常的学习、工作和生活中，常常会遇到各种矛盾和难题，如学习与兼职之间的协调、学习与工作的矛盾、经济困难、恋爱挫折、学习挫折、人际关系冲突等。如果不及时得到解决，这些问题就会导致大学生的情绪低落，对社会、他人和自己造成不良影响。

高校思政教育的调节对象是其消极情感，可以通过缓解矛盾、梳理思维、查找原因、转移关注点、重新设定目标以及进行身体锻炼等方法实现以帮助大学生释放、控制情绪。

3. 人际关系调节

大学生的人际关系是指大学生个体在与他人的交往中所形成的人际关系，它从微观层面反映了大学生人际关系的状态、影响和作用。大学生人际交往应该建立在平等、尊重、互爱、互信、互助、协作的基础上。

高校思政教育对建立社会主义新型人际关系，对大学生个体的学习、生活、工作、成长和群体的发展，都具有不可忽视的作用，主要表现在以下两点。

一是能促进人际交往，增进了解，改变人际态度，调适人际关系；二是能化解双方矛盾，理顺双方关系，促进问题的解决。

大学生在人际交往中，有时会因这样或那样的问题而产生矛盾和冲突。这些矛盾如果处理不好，就有可能激化。高校思政教育的日常工作之一就是要做好这方面的调节处理工作，引导大学生与他人、与某些相关单位和部门化解矛盾、消除冲突，遵循人际关系的处理原则，为建设和谐寝室、和谐校园以及和谐社会作出贡献。

第二节　高校思政教育的现状

一、高校思政教育的宏观现状

（一）高校思政教育载体研究起步晚

20 世纪 90 年代初期，我国才开始着手研究高校思政教育的载体。而在 20 世纪 90 年代末期才出现与高校思政教育载体相关的专著教材。与国内相比，在国外，从 20 世纪 80 年代末开始，美国就开始尝试利用各种教育手段来构建全新的高校思政教育模式。相比于我国的高校，美国高校更加重视培养高校学生的道德品质，在高校开设了各种诚信教育课程、专业与道德课程，以此来更好地提高学生的道德水平。日本在高校思政教育的方面，将道德教育视为主要内容，从 20 世纪 80 年代开始，日本将思政教育的重点放在了爱国主义教育上。

（二）高校思政教育相关研究文献少

在国外，有关高校思政教育方面的研究大多是间接研究，不是直接以“高校学生思想政治教育”命名的。实际上，西方是通过各种隐形课程来对思政教育进行灌输的，比如宗教信仰、政治社会化等手段，还将思政教育渗透到各种媒体中，通过各种载体来进行思政教育。这就在一定程度上使独特的高校思政教育体系得以形成，且收获了显著的成效。在国内，在中国知网上以“微时代背景下高校思想政治教育载体”为题进行检索，从 2000 年至今仅有一百多篇，可以从整体上看出有关高校思政教育载体的研究文献较少。

（三）高校思政教育载体系统研究少

现有的研究大多数只涉及单方面的研究。例如，研究以“微博”为载体进行的高校思政教育，这方面的研究力图以微博这一新媒体为载体来使高校思政教育的时效性得到有效提升，或者有些研究以“微公益”为载体来呼吁高校学生多参加公益活动，将“微公益”作为高校思政教育的新载体。整体来看都显得过于单薄，需要将多个单方面的研究统一成有机整体，从而从更深的层次对高校思政教育载体的整体体系进行构建。

综上所述，高校思政教育的载体要与实践密切联系，我们要不断对那些与高校思政教育载体相关的研究进行创新。现有的关于高校思政教育载体的资料大多是当前背景下的研究成果，而时代在不断变化，社会环境在不断更新，只有不断对与高校思政教育载体方面相关的理论进行创新，才能更好地促进高校思政教育的实效性的有效提升。

二、高校思政教育的微观现状

（一）评价反馈系统不完备

我国还不具备一个完善的道德教育评价系统。目前的道德教育评价主体是教育主管部门，由教育主管部门围绕着学校进行道德评估。然而，这种方式下的道德评估，并不能适应新媒体环境下的道德教育评价，主要存在以下几个问题。

1. 忽视了思政教育的社会效益

思政教育评估主要是教育主管部门通过开展思政教育的方式进行的，很少涉及社会和家庭的参与，而且忽视了对社会道德风尚的引领，无法对文化建设产生的影响作出相应的评价。因此，只顾及了经济利益，而忽视了社会效益。又由于家庭和社会不参与评价，导致思政教育与社会和家庭教育脱节，使得教育责任完全在学校方面，很多学校难以承受思政教育的压力，使思政教育难以取得预期的效果。

2. 忽视了新媒体空间的思政教育

教育行政部门对高校思政教育的开展情况比较关注，但却对新媒体空间的思政教育发展有所忽视，或仅仅将新媒体作为思政教育的渠道，而没有将两者相结合，没有重视在虚拟空间中思政教育具有的重要性，视其为一个可有可无的部分，直接导致学校忽视了虚拟空间的思政教育。

3. 忽视了隐性的、虚拟空间中的思政教育

学校开展思政教育工作只注重比较显而易见的成果，如学生成绩、宿舍卫生成绩等，而忽视了隐性的、虚拟空间中的思政教育，这些问题直接影响了从事基层学生工作的辅导员，使他们缺乏建设思政教育网站、思政教育博客的意识，限制了新媒体在思政教育中发挥重要作用。

4. 忽视了科学性、可实施性思政教育评价体系建设

高校亟待改善思政教育评价标准。虽然新媒体对学生思政教育的作用越来越大，但是在高校学生道德教育方面，其评价标准和方法相对滞后。教育评价不成体系，缺乏科学性与可实施性，在教育评价方法的选用上，还处于片面利用新媒体影响力的状态，这种种现象均阻碍了思政教育评价有效性的发挥。

（二）新媒体的管理机制不健全

随着新媒体技术的迅猛发展，每个人都是一个“自媒体”，在网络中每个人都可以通过文字或者视频的形式来发表自己对于各种问题的看法、观点。新媒体创造了一个全世界都可以共享信息与交流的平台，不需要经过任何部门同意，这就使得对新媒体的监管很困难。

再加上我国的新媒体管理，不管是在管理体制方面，还是在管理机制方面，均还不健全。政府对于新媒体的管制权利不集中，有关新媒体管理的政策与新媒体的发展不同步，侧重于信息的整治和安全，轻视对新媒体的推动，这就与新媒体的整体价值不符。这些存在于新媒体管理机制中的问题，不仅制约了新媒体的发展，而且还不利于以新媒体为媒介开展思政教育。

（三）指导理念和社会发展不平衡

传统思政教育的教育理念在如今的社会中已经不能适用，也在如今的新媒体时代难以取得更好的效果，原因如下。

（1）传统的思政教育理念对学生而言，是一个被动的学习知识的过程，是以灌输知识的方式来实现的。虽然利用这种方式能够获得一定的效果，但是新媒体时代是开放的，如今的社会价值观是多元的，在这个变化极快的社会中如果强

调一元主导，不吸收借鉴其他民族的优秀文化很可能会引起学生的逆反心理。不兼容并包可能会导致学生对思政教育产生“假大空”的印象，造成思政教育脱离学生的生活实际，这在很大程度上降低了思政教育的效果。

（2）新媒体是开放的，使用者多项互动，具有高度的自主性和灵活性。在思政教育实践中，教师掌握了较多的资料和教学资源，再加上教师在教学中具有教育主导性，导致教师在教育中出现占据绝对主导地位的现象，进而忽视学生的学习感受，忽视学生的主体性，这就会极大地影响教育效果。

教师和学生在新媒体环境中都是教育活动的主体。从教育资源来看，两者是等同的，在教育方式上两者由单向输出逐渐转向了多向交流，是两个平等交流的主体。

（3）思政教育的内容与我国社会发展是不同步的。新媒体的广泛传播使我国的社会伦理逐渐向现代化发展，然而，我们的思政教育指导没有随着新媒体环境的变化而改变，仍然强调传统的思政教育内容和形式，而忽视了与新环境下的公民伦理道德教育的结合。这种现象导致了我国思政教育和社会伦理道德教育发展的不协调，使思政教育很难达到效果。

（四）思政教育模式与现代环境不统一

我国现有的思政教育模式存在许多问题，从整体来看，思政教育模式不是一个统一的整体，学校思政教育与社会、家庭相脱节，现实思政教育和虚拟空间的思政教育相脱节，学校、社会、家庭和学生的自我教育相脱节。在新媒体环境下，这种脱节表现得更为明显，大大削弱了思政教育的效果。产生这种现象的原因就是思政教育模式自身存在问题，思政教育没有形成一个学校、社会、家庭、学生自我相互联系的整体。新媒体打破了地域、时空的限制，一方面，新媒体使得信息传播更为便捷、迅速；另一方面，新媒体既在很大程度上方便了思政教育信息的传播，又使思政教育主体的参与变得更加容易。但是，目前的思政教育模式与新媒体的发展还存在比较远的距离，思政教育模式还无法适应新媒体的发展。具体表现如下。

1. 学校思政教育与社会脱节

新媒体的多元化使得社会情况更加复杂，新媒体的发展促进了文化的相互沟通，使社会的道德观呈现出多元化趋势。学校的思政教育有时与社会脱节，目标的设置没有以学生的实际水平为根据，有的目标设置过高，使学生失去信心。此外，内容上的枯燥乏味使一些学生对道德教育有所抵制，从而会对思政教育的效果产生不利影响。

2. 现实思政教育与虚拟空间思政教育脱节

在内容、形式上现实思政教育和虚拟空间的思政教育都存在各顾各的现象，不论注重两者中的任何一者都会影响思政教育的整体效果，所以要同步进行现实思政教育和虚拟思政教育。

3. 思政教育中学校、社会、家庭与学生脱节

由于存在这种脱节状态，导致大多数情况下的学校思政教育都是独自进行的，学校思政教育缺乏与社会的结合，缺乏与家庭的结合，缺乏与学生自身的结合，自然不能更好地发挥思政教育作用。

（五）思政教育不符合社会传播要求

由于社会的变革以及传播环境的不同，相应的思政教育内容、方式、途径也随之改变，只有这样才能使教育效果得到保障。但是，从当前新媒体传播规律角度来看，思政教育不符合社会传播要求，主要有以下几种表现。

1. 对新媒体的道德问题界定不明确

一些教育者缺乏对新媒体虚拟空间的道德问题的真正认识，这就导致无法确立正确的道德教育观。虽然网络世界是虚拟的，但并不意味着网络世界可以脱离现实世界而独立存在。其实，网络的运行必须与国家的制度、文化等相符合。虚拟的世界也是客观存在的，是现实社会的一种延展。新媒体伦理道德不仅是一种意识形态，还是一种客观存在，不以人的意志为转移，但是相关思政教育工作者在教育实践中，往往忽视了虚拟空间的道德，没有将其与现实道德相结合。

2. 新媒体空间的思政教育内容尚需开拓

新媒体的发展不仅使思政教育的方式发生了改变，更为重要的是还改变了思政教育的内容。我们应对传统思政教育内容进行更新与扩展，基于已有的教育内容，增加与新媒体时代发展等方面相适应的内容，如在传统的思政理论课等课程的基础之上，增加信息素养教育等方面的教育内容。在我国的思政教育范畴中，思政理论课在其中仍占有很大的比例，但是新增的新媒体文明教育、新媒体道德修养等也会对高校学生产生很大影响，新媒体的思政教育内容应该得到全面扩展。

3. 不能准确把握新媒体道德教育的特点

事实上，新媒体道德是一种自主自律型的道德。从虚拟世界的角度看新媒体道德，直面批评等道德约束方式难以进行，那么个体的自我约束就更加重要。现代社会要求人们的道德约束方式向自律转变。新媒体道德是一种开放的道德体系，自由、开放是新媒体空间的特点，这就使新媒体汇集了不同的文化、不同的道德观念、不同的行为方式，它们相互碰撞，在冲突中融合，既呈现出一种多元的态势，又呈现出一种开放的态势。道德教育往往只对学生表面的行为加以重视，却忽视了对学生深层道德观念的教育以及价值观念的引导，使得道德教育难以深入学生心中。

4. 新媒体空间的思政教育缺乏互动

传播途径的多样化并不代表思政教育工作取得了更大的成效。思政教育工作者在运用新媒体时，还是以网络课程、专题学习网站等诸如此类的信息传播为主要的教育方式，这些教育方式并没有加强教师与学生之间的交流互动。新媒体确实为师生交流带来了极大的便利，但只将网络局限于传播信息、发布信息，而忽视了互动，就在很大程度上阻碍了新媒体空间思政教育的发展。

（六）新媒体对思政教育的影响

新媒体会在很大程度上影响高校的思政教育，主要是影响思政教育环境、高校学生群体和思政教育工作者。影响既有积极的一面，又有消极的一面，我们要客观对待新媒体带来的影响，扩大积极影响，克服消极影响，分析产生消极影响的原因，并着力解决问题。这些都是高校思政教育工作者应当担负的职责。针对当前新媒体对高校思政教育消极影响的成因进行分析，可以从以下几个方面入手。

1. 思政教育的话语失效

话语传播严重滞后导致思政教育的话语失效。目前，高校思政教育话语失效的一个重要表现便是话语传播手段的滞后。话语传播手段的严重滞后在很大程度上挑战了高校思政教育者的话语权威性，由于他们的话语不能起到一定的规范作用，所以出现了各种各样的消极因素。

2. 思政教育的成效不高

思政教育在其内容结构方面还不甚完善，与新媒体的发展还存在较大差距，这是造成思政教育成效不高的一个重要原因。针对思政教育内容结构不完善所带来的消极因素，作为高校思政教育工作者，应注意以下几点事项。

首先，尽管在思政教育方面强调政治性，但是不能将思政教育等同于政治教育，思政教育不能忽视德育，不能脱离现实生活。其次，虽然思政教育强调以知识为本，但不能忽视对人才的塑造。最后，在教育对象方面，思政教育应注重个体差异；在教育内容方面，思政教育应注重统一性和规范性，展现出教育内容的丰富性和生动性。

新媒体时代的到来，由于信息的复杂性和思想的多元化、资源的高度共享性都交织在一起，这就迫切需要优化高校思政教育的内容和结构。内容的优化不等于完全否定以前的一切，标新立异，而是要在继承传统的基础上发展，要与新媒体时代的时代特征紧密结合，通过创新高校思政教育的内容，使高校学生可以对思政教育方面的内容更加容易理解。

3. 思政教育的实效性障碍

思维的单一封闭导致思政教育存在实效性障碍。思维有广义和狭义之分，广义的思维包括逻辑思维和形象思维，体现了事物的本质和运行规律。狭义的思维专指逻辑思维。高校思政教育工作者采用传统的教育方式，这就导致他们的思维是单向甚至封闭的。新媒体的广泛应用创造了一个全新的、开放的世界——网络世界，这一世界的出现使得人们的思维方式发生了深刻的转变。然而，一些高校思政教育工作者仍然活在以前的闭塞社会环境中，他们的思维仍旧是封闭的，习惯于用传统的思维分析方法来看待这个全新的新媒体社会。尽管他们花费了许多时间以及精力，但是仍旧没有收到很好的效果。新媒体的融合性对许多人固守的封闭思维方式产生了极大的冲击，带给他们思维的变革。高校思政教育者在新媒体时代逐渐意识到，在分析和解决大学生出现的思想道德方面的问题时，不能仅从单一的方面去对问题进行思考，而要从多个维度思考和研究。只有这样才能更好地进行思政教育，实现思政教育的既定目的和要求。

4. 思政教育的整体效应无法发挥

现行载体乏力导致无法充分发挥思政教育的整体效应。任何教育都需要借助一定的载体才能发挥作用，载体同样也是高校进行思政教育的条件之一。新媒体技术不断地更新、发展，高校若是仍旧采取以前的载体进行思政教育就会十分低效，这就产生了许多消极影响。一方面，在新媒体时代，信息的传递更为方便、快捷，这就使得教育者和受教育者处于同一个“信息平台”，使教育者的权威性和影响力大大降低。另一方面，新媒体时代也有更多的载体产生，单一的、以课堂教育为主要载体的形式已经脱离了社会发展的要求。出现这种现象表明，现行教育载体乏力是高校思政教育成效不高的主要原因，单一的载体无法与高校思政教育的需要相适应。高校思政教育的载体改革刻不容缓，这就要求高校思政教育工作者针对学生在新媒体环境下出现的实际情况来进行改革，并根据实际情况综合运用多种载体，通过载体间的相互配合和相互协调来形成全方位的思政教育的合力。

5. 思政教育面临着巨大的挑战

在新媒体时代，传统的高校思政教育模式正面临着严峻的挑战。一方面，传统模式仍然在运行，并发挥着一定作用，但其地位在逐渐降低。另一方面，新媒体发展迅猛，它的覆盖范围广，传播速度快，是社会舆论的放大镜，也是意识形态较量的战场，新媒体也在很大程度上影响着学生。社会上越来越多的信息影响着高校学生的价值观，高校学生涉世不深，难以从鱼龙混杂的信息中辨别好的信息，个别人甚至会在不良信息的引导下误入歧途。

教育模式的陈旧产生了许多消极影响，这就表明建立符合高校思政教育发展需要的全新教育模式是十分必要的。高校思政教育工作者也需要顺应时代的发展，及时更新思想政治教育观念，不断学习新媒体技术，探索教育新模式，增强思政教育的影响力，努力提升自身素质以适应高校思政教育发展的新要求。

三、提升高校思政教育效果的要求

（一）树立好教育目标

教育目标的设定应该随着时代变迁进行调整，以服务和回馈于社会。高校教育的目标是为社会培养能够全面发展、为社会主义社会作贡献的人才。实现人才的可持续发展和全面进步是高等教育的根本目标，无论是远期还是近期的。全面发展涉及培养个人素质，包括适应社会能力、参与社会能力以及利用专业技能创新自我价值的能力。作为大学生，应该参与社会服务，例如促进社会整体的有序发展、确保社会资源的规范化供应和实现成员之间的合作共赢。高校应当重视实现大学生与社会的相互交流和融合。高校的思想政治教育目标应当根据时代的发展、大学生全面提高素质的需要以及社会对多元化人才的需求等方面进行调整，以最大化地为社会服务和回馈社会。随着信息时代的发展，社会对人才的要求日益严格。因此，高校不仅需要注重学生个人的发展，还要紧跟时代潮流，充分认识到社会对人才的期望，以更好地为社会服务。

（二）设置好教育内容

教育内容应该因人而异，注重综合性，具体而言，可分为以下两个方面。

第一，强调个体差异的重要性，反映了学校与社会的紧密结合。教育的内容应当具有个性化原则，着重考虑在开展思想政治教育期间不同学生群体的差异性，才能真正实现因材施教。这意味着教师在传授思想政治教育时应更加关注当前社会发展状况、大学生的现实需求以及高校对社会的服务职能。高校可以充分借助当地的爱国主义基地、实习实训基地、实践拓展基地等社会资源。这些资源蕴藏着丰富的思想政治教育资料，为高校思想政治教育提供了宝贵的财富。因此，高校需要合理安排利用这些资源，以达到更好的教育效果。

第二，高校思想政治教育需要考虑到各地区的特殊背景，以充分呈现其对社会多元化的积极作用。各个大学所在地均有独特的资源，这些资源可以被充分挖掘和利用。从某个角度来说，让大学生参与当地文化活动，并深入实践基地、社区和工厂等领域，这为学生提供了一个有价值的途径，让他们了解和接触社会。高校不仅要履行社会服务职能，还需要持续增强受到社会思想政治教育的影响力。网络平台为大学生提供了分享社会资源的机会，从而更深入地了解社会现象，增进对我国社会发展变革的认知，使认知更加准确。相反地，通过思想政治教育，大学生能够为地方发展作出贡献，同时也能与地方共同进步。社会的进步需要一代代人不断推动，而大学生则应当具备优良的思想道德素养和高度的政治意识，这是他们能够将学到的知识和技能发挥出实际作用，用所学回报社会的前置条件。

（三）采用正确教育方式

教育方法必须根据地方情况进行适当调整，因此需要多样化且灵活的教学方式，特别是在高等教育中，应当充分利用社会资源来强调思想政治教育的社会性。思想政治教育必须超越课堂教学，同时需要通过走近社会、深入社区，以具体社会环境为背景，进行爱国主义教育，这样才能真正地提高教育效果。只有在实际的社区单位中实践社会活动，学生才能真正提升实践技能和专业知识。大学生参与送爱心等公益活动，可以更好地促进其思想道德素养和理想信念的培养，同时增强教育的实效性和社会影响力。

大学所处的城市、街区和周边乡村都是宝藏，能为各个专业的学生们创造展现才华和献出爱心的机会。地方社会资源非常易于获取和利用，特别是对于大学生来说，其影响力更是直接。高校可以通过将校内和校外活动相结合、线上和线下活动互相协调、小组和团体活动进行有机融合等方式，使得思想政治教育更加多元化和灵活化。在当今时代，高校的思想政治教育不能仅仅停留在校内，还需要发挥更广泛的社会作用。在大学生思想政治教育中，我们须更加关注互联网资源和网络平台的功能优势，充分利用它们所提供的各种社会资源。

第一，网络资源是开放的，这允许大学生们自由地获取和运用这些资源。高校可以借助网络资源开展思想政治教育，这不仅可以增加教育的多样性与覆盖面，也可以运用网络博物馆、视频资料等特色资源，有效提升学生的教育质量。此外，它还能够打破时间和空间的限制，促进学校、社会和家庭之间的协作，共同发挥作用，实现全方位的教育。其他的优点包括网络资源能够以高效的方式使用，因此大学生能够积极投入。尽管社会实践和社区公益活动是出色的社会服务项目，但是在高校里实施这些活动需要烦琐的步骤，从而限制了学生的参与度和活动的频率。

第二，网络媒体的优势在于其具有高度时效性、便捷的操作方式、广泛的人员参与、低成本以及高度的方便性等特点。

第三，网络资源具备互动的特性，这是其不可或缺的一部分。在课堂上进行思想政治教育通常只能依赖教师讲授的方式，要求教师积极引导师生互动，也只能有限地参与到课堂教育中。如今高校的学生数量逐渐增加，同时大班授课也影响到思想政治教育的实效性。网络平台强化了高校思想政治教育的社会化功能，因为学生可以展示他们独特的个性，同时与教师进行平等的实时交流。

（四）做好教育评价

教育评价应根据具体情况作出调整。教育评价无法通过一次考试来完成，目前高校更加注重对学生在学习中展示的过程进行评价，并且这种评价范围正在逐步扩展。综合评价教育成果的时候，我们应该充分考虑思想政治教育在其中所扮演的重要角色。在彰显思想政治教育的价值方面，个人评价和社会评价同样重要，然而，社会评价具有更为关键的意义。提供社会服务是思想政治教育展示其在社会价值方面的作用的最佳途径，也是最能体现其对社会所持关注和贡献的方式。高校应当利用教育评价结果不断改善和提升思想政治教育，以达到更高的教育成果，并确保教育长期稳步发展。为了有效地评价高校思想政治教育的效果，必须达成以下三个方面的共识。

第一，我们需要更加重视思想政治教育在社会化方面的作用，把其纳入教育评价的重要部分，以促进和推进其发展。国家教育部门需要通过实地调研和科学规划来重视思想政治教育的意义，同时将其社会化职能放在优先位置，进而制定相关政策。

第二，学校需要制订全局计划和相关方案。高校应将社会化功能的思想政治教育体现在制订发展目标规划和实施措施方面。要真正发挥高校思想政治教育的社会化作用，需要明确具体的目标要求、规定具体的内容和评价效果，这样才能有效地开展、落实和评价思想政治教育活动。

第三，教师需要采用明确、具体的评价方法，以更精准地评价学生的表现。在对学生进行思想政治教育评价时，教师应当选用可行的评价方式，强调对学生学习过程中的表现进行综合评价，并注重培养学生在社会实践方面的能力，以使学生的理论知识与实践技能得到更好的结合。后期评价和反馈以及经验总结是教师需要特别关注的方面，这不仅可以确认思想政治教育的评价方式有效性，还是教师和学生共同发展的重要过程。

第三节　当前高校思政教育的主要问题

现今社会不断进步，对人才的需求也不断增加，这改变了高校毕业生的就业标准。在新形势下，当前高校思政教育存在以下几个问题。

一、教育的方法、内容和载体存在问题

要想使高校思政教育的效果得到加强，不仅可以通过学科建设，还可以通过

改进教学方法、完善教学内容、利用更好的教育载体等来实现。当前高校思政教育存在一系列问题，表现在以下几个方面。

（一）教育方法存在问题

思政教育的课堂教学方法单一，传统的教学方法采取教师全堂讲授知识、灌输间接经验，即讲授法。教师讲，学生听，二者基本上没有互动。这个教学过程通常只是理论的讲解，很少有实例的论证，即使有例子也是教师直接给出结论而不会与学生一同分析。教师照本宣科，没有将理论与实际相结合，就很难帮助学生树立正确的人生观、价值观、世界观，更难以解决学生在实际生活中遇到的实际问题，这就导致学生的厌烦情绪与日俱增，想要进行教育改革更是难上加难。教师希望进行互动性质的教学，但是学生已经习惯于被动接受，同时学生缺乏课堂上与教师互动的能力，甚至在课堂上不敢主动举手回答问题，这就造成在进行课堂互动时，没有一个学生回答问题，每个学生都害怕被叫起来，教师陷入尴尬的境地，教师和学生没有任何默契，无法互动。而组织学生讨论，又受到课程时间限制，而且学生人数太多，教师无法掌握小组讨论的进程，也就无法控制课程进度，最终导致讨论不能取得预期效果。专题讲座往往与教材内容不匹配，教师难以操作，压力更大。而其他的教学方法，如演示法等又缺少相应的资源。这就导致教师和学生都发现传统的教学方法存在巨大的问题，但是又不知道如何改进。

1. 课外实践活动少

高校思政教育主要是课堂教学，社会实践方面很少涉及，导致课外活动名存实亡。高校设置的实践教育环节很少，教师不能组织学生深入社会进行实践，不能使理论与实践相结合，教育内容就很难深入学生的心中。“寓教育于活动之中”是思政教育的内在要求。然而，高校却忽视了社会实践活动的重要性，举办的活动也是流于形式、走过场或者过于格式化而失去生气，设立的目标很高但最后的效果很差。参与者很少，教师自身都会感到无趣、毫无激情。活动形式多年如一、过程僵化，连组织者都感到厌烦，更不用说调动积极性了。学生参加活动无异于赶鸭子般走程序，毫无兴趣，更谈不上什么收获，仅仅把参与活动当作必须完成的一项任务。高校组织的一些活动白白耗费了人力及物力，给思政教育蒙上了一层“假大空”的阴影，与最初的举办目的完全相悖，更加剧了教师与学生之间的紧张关系。

2. 教学评价标准单一

当前对高校思政教育的课程成果进行检验，主要通过闭卷考试的方式，以考试成绩作为评判标准。单以考试成绩论成败的教学评价标准是比较单一、局限的，考试范围也只是空洞地考察教材上的概念或知识点，不能反映出高校学生真实的思想政治水平。这种评价方式一方面使得教师由于教学评估的压力，教课时只讲授考试内容，考试评分时让学生高分通过；另一方面造成学生平时上课时完全不听，临近考试时只背诵教师勾画的知识点，等到考试结束所有知识又全部忘记了。这就造成有些高校学生平时认真听了思政课程，但最后的考试成绩与完全不听课的同学差距并不大，可能还低于那些不听课的同学。这样一来，高校学生的真实水平难以通过一张试卷来反映。以考试的方式评价高校的思政教育，使高校思政课程的发展受到了很大的限制。

（二）教育内容存在问题

1. 教育内容过于片面化、理想化

一直以来，高校思政教育内容的重点在于引导学生适应经济社会的发展，这是由当前国家重视经济发展所决定的，这就导致了长期以来高校学生只受到如何适应经济发展、如何处理经济方面的各种利益纠纷的教导却没有得到非经济领域的教导，使得高校学生在社会中不能得到更大的发展。高校一味强调培养学生的经济价值取向，但当要进行人际交往，参加社会活动、政治活动等其他非经济领域活动时学生就会手足无措，陷入各种价值取向相冲突的境地之中。高校的这种片面教育是只看到了马克思主义有关生产力原理的论述，却忽视了马克思主义的整体性。

传统思政教育的内容过于理想化，超越了社会现实，往往只向高校学生灌输共产主义思想。这种理想化的政治教育表现为无视我国的基本国情和社会发展阶段，无视学生的个性和生活，单纯地灌输共产主义思想，力图让每一位学生将实现共产主义当成人生的唯一追求。高校思政教育在一定程度上被认为是培养学生共产主义远大理想、崇高的道德追求的伟大育人计划，至于学生的自身水平和对现实世界的关注完全被忽视。高校思政教育不仅要注重对现实的理想性进行超越，而且要关注学生的现实生活，只有两者相结合才能全面提升学生的素质。“重理想轻现实”的思政教育从其本质来看，是一种忽视思政教育本质、弱化思政教育功能的行为，这样发展的结果肯定是与社会发展不相适应的。

2. 教育内容更新过慢

高校思政教育内容更新过慢，落后于时代发展。

一方面，市场经济体制的深入发展使得中国特色社会主义建设出现了许多新情况，在发展过程中也遇到了许多新问题，而本应与其共同更新的思政教育内容却没有反映这些新内容，如下所示。

（1）当前的思政教育内容，缺乏市场经济新发展内容方面的反映，缺少自立、自强、创新等精神的传扬。

（2）经济的快速发展也导致了许多社会问题的出现，这些新出现的问题引发了学生对社会主义建设的多种思考，包括相对于资本主义而言，社会主义存在的优势、我国现在的社会风气和党的风气等。

如果高校思政教育回避这些问题或者仅仅是简单地停留在表层分析上，结果只能是让高校学生对思政教育愈加失望，从而降低思政教育的效果。事实上，当前的思政教育更多还是理论学习，针对社会现实的问题还是很少。

另一方面，学生在高校生活中会遇到各种各样的问题，会受到各种压力，如学习压力、就业压力等。这些问题也没有被思政教育所解决，而这些内容看似简单其实特别重要，处理不当就会造成严重的后果。尽管这些问题引起了高校的重视，但这些问题在思政教育中所占的比重仍旧很小，不足以支撑教师寻求到解决办法。

（三）教育载体存在问题

高校思政教育的载体应该是多种多样的。在实际教学中教师往往看中课堂教育的载体，却忽视了校园中其他的载体。比如校园媒体，即学校报纸、学校广播台、学校的各种宣传展示等。思政教育可以通过这种不容易引起反感的方式悄然进行，使学生时时刻刻处于思政教育的熏陶中，潜移默化地受到影响。作为高校思政教育的重要组成部分，教育载体还存在以下许多问题。

（1）校园媒体的发展落后于高校思政教育发展的需要，而且可利用的空间很小，不能为思政教育发挥太大的作用。

（2）对于高校校园内潜藏的思政教育，校园媒体没能充分调动起高校学生的积极性，没有形成自我教育的自觉性。

（3）大部分高校学生都会通过上网来获取信息，并且网络已成为高校学生人际交往的重要方式。高校学生不管是学习专业知识，还是接受思政教育，均会受到网络发展的影响，然而，在高校中网络的发展并非一帆风顺。一方面，网络载体具有不易控制的特点，网络上的不健康信息很多，这就让思政教育处于不利地位；另一方面，高校缺少专业的网络思政教育队伍，无法引导网络上的教育方向。

高校的思政教育者如今还未意识到校园内各种文化载体对于思政教育的重要性，没有意识到随着高校的不断发展，校园文化日益复杂，其中不仅包括传统的班级文化，还包括新形成的宿舍文化、社团文化等，校园文化的影响力正在不断增强。高校目前还未把思政教育内容与校园文化建设相统一，直接影响了思政教育不能以校园文化这一渠道，融入高校校园的每个角落。

高校对于校园文化这一载体的重视程度不够，没有将它当作实现思政教育目标的重要形式。思政教育者如今尚未意识到，如果不对校园文化的发展方向加以引导，任其发展将会产生严重的后果。同时，思政教育者将会失去校园文化的领导权，甚至导致校园文化成为思政教育的对立面。这样一来，思政教育将会失去校园文化这一推动思政教育的重要载体，也就丧失了提升教育成果的重要方式。

高校管理是高校三大育人渠道之一。然而，管理有助于育人的载体功能却未被开掘，这主要表现为以下几点。

（1）管理人员在高校中发挥的作用大多是行政管理作用，教育者不参与。

（2）高校管理制度中管理育人的规范不明确也不具体，这就造成管理人员育人的责任感不能得到激发。

（3）高校管理制度中对高校思政教育的激励机制尚不健全，这一制度尚需改进，只有彻底改进之后才会有助于发挥管理人员的教育作用。

二、教育者的主导地位不高

教育者是思政教育的主体所在，在进行思政教育时，如果不能发挥教育者的主导作用，结果就会不甚如意。目前，教育者无法充分发挥作用的原因包括以下几个方面。

（一）教育者自身缺乏主观认识

1. 缺乏对思想政治素质重要性的认识

党始终高度重视人民的思想政治素质，现实情况却是很多高校没有深刻理解思政教育的重要性，没有意识到提升高校学生的思想政治素质的重要性，存在“一手硬，一手软”的问题。国家的经济发展使得绝大部分高校将培养高校学生专业技能放在了重中之重的位置上。为了保证学生专业素质的提升，高校在学科建设、教学评价方面都向专业技能倾斜。然而，在对待思政教育方面却很宽泛，不仅没有设立具体的培养目标，甚至有关思想政治方面的培养还受到阻碍，对于思想政治教育方面的拨款、学科建设等更是走形式，不能切实进行学科建设，这就导致了部分思政教育者失去积极性，甚至认为这种现象是正常的，是不可抗衡的。持续时间长了之后，思政教育者的主导作用难以有效发挥，甚至出现“不作为”等不良现象。部分教育者和高校各级党委未能真正理解中央精神和中国的国情，只看到短期利益，这些因素共同导致了高校学生的基本素质低下。

2. 缺乏对思政教育重要性的正确认识

部分教育者甚至开始质疑思政教育的地位。党始终认为思政教育发挥着“生命线”的作用，思政教育是毛泽东思想的重要组成部分。但是高校的一些教育工作者不能深刻理解党有关思政教育理论的发展历史，对思想政治工作缺乏信心与激情，甚至认为在市场经济条件下思政教育无疑会走下坡路。世界格局呈现多元化趋势，我国的改革开放不断深入，思政教育受到的挑战更是与日俱增，不利因素不断叠加，增强思政教育效果越来越困难。教育者如果自己都不清楚思政教育的真正内涵，就会对它所处的位置感到疑惑。部分教育者对思政教育处于主导地位这一事实持怀疑态度，这其中既有历史原因，又有现实原因。

3. 缺乏对思政教育的科学性、职业性认识

部分教育者仅仅照本宣科地讲授思想政治，不重视思政教育的科学性、职业性。思政教育的历史源远流长，马克思主义的思政教育也已有 100 多年的历史，“思想政治工作是一门治党治国的科学”这句话不仅被教育界认同，也被党政机关所承认。这些对思想政治的高度认可是提升思政教育科学性的基础，这些认可也彰显了思政教育的有效性。只有改革开放以来的四十多年历史将思政教育独立为一门专门学科，这就导致了很多专业性问题一直没有定论。思政教育是一门社

会学科，但是其研究对象和领域仍然引起了许多争论。因此，对于思政教育独立成一门学科存在着很多问题。

我国的社会科学建设与国际上的许多国家相比是相对落后的，我国的思政教育是一门新兴学科，目前缺少科学技术的支持，在社会科学研究的成果方面也是相对缺乏的，可见，我国思政教育的发展必将是曲折的。进一步来说，我国的思政教育还没有形成整体的认识，更不用说职业性了。而且思政教育又有其特殊性，因为紧密联系社会，所以它的影响无疑是广泛的，表现形式是多样的，产生的效果是无形的，所以难以对其进行量化的评估。因此，部分教育者不重视思政教育与它的学科性质关系很大。

（二）学科建设和领导体制尚需完善

1. 思政教育学科建设存在的问题

目前，高校思政教育课程的学科基础是马克思主义一级学科。近年来，高校思政教育课程取得了一次次的进步，但是思政教育学科的基础理论建设仍旧相对落后。

基础理论与实践不完全一致，其结果往往是令思政教育走向边缘化。与学科理论基础的不完全同步使思政教育学科基础理论的发展滞后于社会发展，不能与社会最新的理论成果相结合，不能解决学科发展中新出现的问题，不能适应学科理论研究的规范要求。各种理论的内在逻辑不能相统一，个人有个人的看法，阻碍了学科基础理论体系的构建和整体学术水平的提升，使得整体的学科形态很难走向大成。思政教育的应用也有待专家探索，各个高校的学科建设、研究基地、课程设置也有待完善。

2. 思政教育领导体制存在的问题

高校思政教育领导体制在摸索中不断前进，不断改进提升。当前主要有党委管理模式、校长负责模式、党委领导下的校长负责制模式等多种模式，每次改进都使领导体制更加完善。在这一体制下，党委和校长各司其职、协同合作，这符合我国高校的具体运转规则。然而，这一体制在具体运行中也出现了许多问题，如下所示。

首先，党委领导下的校长负责制在运行时出现了权力分配的问题，从政治方面看，学校的最高领导是党委书记，但是在法律意义上校长是法定代表人。学校有关的法律文件只有校长同意并签署才可具有法律效力，当党委书记和校长对于一个问题的处理意见发生冲突时，问题就难以解决。

其次，党委书记和校长的具体分工和所拥有的具体权力不确定，随意性很明显，这样就容易造成一方独大的情形，或者是党委书记权力过大，或者是校长权力过大，难以协调。

再次，党委领导下的校长负责制在高校实际操作时没有与之相应的执行系统，基层党委只能起到政治保障作用，对任何事务都没有决定权，党委要落实各项决策需要通过校长才得以成立，基层党委的作用很小。

最后，高校的基层党组织不受重视，党务活动受到不同程度的轻视，行政人员才是学校培养的中心。行政人员大多是有一定学术能力的教师，而党务的负责人学术地位就比较低，而且其参加的培训次数也比不上行政人员。

（三）思政教育的队伍建设有待提高

1. 思政教育教育者素质不一

思政教育学科的特点包括强烈的阶级性、实践性、科学性、综合性，这些特点就要求教育者有良好的素质，即不仅要有专业的学科素质，还要有良好的政治素质、思想素质、道德素质和能力素质。然而，高校思政教育队伍是由兼职教师和专职教师共同构成的，教育者素质不一，主要表现在以下几个方面。

首先，兼职教师没有经过专门训练，占的比重却很大。

其次，专职教师也不是专业学习思想政治教育的，大多数是由相关专业转来的。

再次，思政教育的学科建设不完善，教师专业水平参差不齐，高学历人才普遍偏少。

最后，教师本身的政治素养、道德素养难以达到要求的水平。由于思政教育的学科特殊性，要求教师言传身教，所以对教师的要求极高，但大部分教师没有培养自身的途径。教师虽能自觉提高自身素质，但是面对繁重的教学工作还是会身心俱疲。

2. 思政教育师资队伍结构失衡

高校思政教育队伍的结构包括性别结构、年龄结构和学历结构。首先，性别结构是指高校思政教育队伍中男女教师的比例。各高校应该重视教师结构的男女比例，男女比例的失衡会令思政教育的开展处于尴尬境地，也不能发挥性别的互补作用。其次是年龄结构，结构合理的教师队伍应当包括老中青三个年龄段的人，并且各年龄段所占比例应合理。教师队伍的年龄结构一般有三种模式，如下所示。

（1）前进型，即青年人多于中年人，中年人多于老年人的正三角形结构。

（2）衰退型，即与前进型相反的倒三角形结构。

（3）静止性，即中年人最多，两头小、中间大。

前进型是最理想的模式，我们应尽力避免静止型或衰退型，重要的是要对衰退型进行改革。思政教育是一门新兴学科，因此青年教师所占的比重很大，教育队伍呈现年轻化的特点。然而，人才流失现象也要受到重视，如果忽视对青年教师的培养，让其中的优秀者不能获得学术研究、职称评审、高学位深造等机会，人才流失就会加剧。

最后是学历结构，思政教育队伍应由各层次学历结构的教师组成，包括高学历和中等学历教师。实现多层次人才组成结构的目标需要招聘不仅具备大专和本科学历的人才，而且需要吸纳高学历人才，如硕士、博士等，以构建一个高素质的专业团队，满足不同层级职位的用人需求。事实上，思政教育队伍中普遍缺乏具有博士学位的高端人才，教师学历结构的整体水平急需提升。

三、受教育者的主体作用不强

受教育者是思政教育的客体，是教育者灌输思政理论的对象。这个对象有其特殊性，他是人，是有主观能动性的人。在教育过程中受教育者不应该单纯地被动接受知识，单纯地被灌输知识，而应该与教育者之间平等地对话，让思政教育的内容内化于受教育者的心中。然而，在现在的思政教育中，受教育者的作用十分有限，受到了忽视，主要表现在以下几个方面。

（一）部分受教育者的学习态度不端正

部分受教育者对思想政治的学习态度不端正，主要受到以下因素的影响。

1. 自身成长背景与环境的影响

一些高校学生讨厌思政教育，对政治漠不关心，这些问题产生的原因十分复杂，归纳为如下几点。

（1）当代高校学生大多数是独生子女，一些学生以“我”为中心，只为“我”而活，自我中心主义十分盛行，追求个人享乐，对国家政治不太关心。

（2）这一代高校学生出生于和平年代，他们没有经历过炮火的洗礼，没有体会过生活的艰辛，对为革命牺牲的先烈无法感同身受，缺乏政治体验，没有主人翁意识，政治观念淡薄。

（3）改革开放深入推进，使得经济发展成为社会的主流，政治生活离普通民众越来越远。为了今后的生活，高校学生都忙于各种专业知识的学习，空闲时间则被各种娱乐活动所占据，认为政治离自身很远。他们对于思政课的理解仅仅是为了拿学分，认为听课是完全无用的，更不会在意学校各种带有政治意味的宣传海报。

2. 教育者不恰当行为的影响

思政教育者的行为也影响着受教育者对思政教育的认识，很多思政教育者在教授过程中存在一些不恰当的做法，这些做法更加深了受教育者对课程的反感。

（1）教育者按照自己的主观理解去评价历史人物，对其他不符合自己观点的理论进行绝对的否定，在很多问题上不能全面分析，总是片面地判断问题。

（2）很多教育者和受教育者之间存在不平等关系，教育者利用权威迫使受教育者接受自己的看法，受教育者只能被迫接受但心里是完全不接受的，这种不满的情绪长期积蓄。

（3）受教育者的心理发展状况受到忽视，教育者往往忽视受教育者的独立意识和心理状况，造成受教育者对思想政治教育产生误解，认为这就是思想控制，从而导致对教育者所教授的知识产生怀疑，甚至会故意作出与教育者教导相违背的事情。这种怀疑情绪逐渐发展成为对抗情绪，导致受教育者不能客观看待教育者教授的知识，甚至对正确的知识加以抵制。

3. 教育体制存在弊端的影响

大学生厌烦和轻视思政教育课程。一些大学生认为思政教育课程的开设完全无用，只是为了应付国家要求，从而更加厌恶思政教育。种种消极的思想导致高校学生应付各种思政教育课程，从不阅读教师的推荐书目，不参加课堂互动，不认真对待实践活动，甚至逃课，不认真复习，只在考试前夕翻开课本，考后就丢到一边。产生这种情况的原因如下。

（1）单调的教育方式和单纯的灌输式教育方法造成了学生的消极情绪。这种教育方法忽视了高校学生的主观能动性，抑制了高校学生的创造性，打击了他们的学习热情。

（2）教育面对的是高校学生群体，但这一群体又有着不同的兴趣爱好、不同的个性特点、不同的思维方式，而教师所采取的“一刀切”的教育方式无疑使得学生对思政教育无丝毫兴趣。

（3）部分高校的思政教育课程处于停滞状态，高校学生普遍重视自己专业课的学习而看轻思政教育，这种思想使得思政的地位愈加降低，学生都将精力放在了专业课的学习上。

（二）受教育者的综合素质亟须提高

高校学生就像一张白纸，他们的思想就好像一潭水。大学生从幼儿园到大学一直身处在校园内，很少有机会真正接触这个社会，他们缺乏社会实践经验和政治敏感度，掌握的各种知识都是从书本上得来的。他们还未经历社会的磨练，不能全面地看待社会，对社会的认识太浅显，分辨是非的能力也未曾得到检验。因此，高校学生容易激动，易走极端，一旦社会思潮变动就极易产生从众心理。我国市场经济在不断发展，社会上的重利思想逐渐加深，部分高校学生受到个人主义、拜金主义的影响开始变得极度自私，追求享乐。加上深化改革开放以来，外国的各种思潮大量涌入，高校学生又缺乏鉴别能力，极易被各种资本主义思潮所侵蚀。受“人的本质是自私的”“主观为自我，客观为他人”等各种极端个人主义思想的影响，一些高校学生逐渐迷失了自我。

大学时期是大学生身心发展的重要时期，这一时期大学生的心理正由不成熟走向成熟。过渡时期大学生的心理不稳定，心理承受能力和适应能力还很弱，而渴望成功的念头又很强烈，自我认知往往偏高。当初步接触社会时，面对诸多压力，高校学生很可能会产生各种各样的心理问题，严重时还可能会产生心理障碍。大学生出现心理问题大多是由社会问题、思想问题以及生活中所遇到的难题所引起的，其中最突出的是以下几个问题。

（1）环境的改变造成短时间内难以适应。很多高校学生从小学、中学都十分优秀，一直十分顺利，没有遇到过大的挫折，升入大学后，面对复杂的高校生活和从各地区选拔来的佼佼者，他们很难适应。

（2）高校学生来自不同的生活环境，每个人的个性和生活习惯很不相同，在互相适应中很容易产生一系列矛盾。

（3）就业问题是高校学生感到苦恼的一大问题，国家体制的改革使得双向选择和自主择业成为高校学生就业的主要形式，高校学生就业压力十分大。高校学生刚走出校园就要面临如此残酷的竞争，在理想与现实之间苦苦挣扎，害怕毕业却又渴望走向社会，于是产生了毕业恐惧症。

（4）高校学生已经算是成人，渴望与异性交往，然而其尚不具备完全成熟的心理，而且校园生活使他们缺乏生活经验，理性的情感意识还未完全成熟，理想与现实相冲突导致高校学生心里苦闷。

四、存在一系列消极影响因素

思政教育环境指的是思政教育所面对的客观世界。高校思政教育环境包括校园环境、家庭环境和社会环境。环境对人的影响很大。教育环境存在的消极因素会对思政教育产生不良影响。

（一）校园环境中的负面影响

高校环境从整体上来看是积极的，但是其中也存在着许多不良因素。绝对的世外桃源是不存在的，这些混杂进来的不良因素也会对高校思政教育产生不良影响。具体表现为部分高校为追求经济利益而盲目扩大招生、夸大就业率。高校的态度导致了一些高校教师缺乏严谨治学的态度，对待思政课程更是敷衍了事，甚至学术作假，为了评职称、拿奖励钩心斗角，丧失了身为教师的责任感，这些都导致一些高校学生学习不认真、经常逃课、考试中作弊、不思进取、缺乏上进心。

（二）社会环境中的负面影响

社会环境对高校学生的成长有着极大的影响，一个良好的社会环境，必然会影响高校学生良好行为规范和高尚道德情操的养成，使高校学生能锻炼出良好的交际能力，保持与他人的和谐关系。恶劣的社会环境会对高校学生产生极大的消极影响，使得高校学生常常感到茫然无措、精神空虚、不善与人接触。

思政教育中所描述的社会与社会的实际反差太大，这就极大地降低了思政教育的可信度。

（三）家庭教育和学校教育不协调的负面影响

学生的思想政治观念在很大程度上都会受到家庭观念的影响，但是我国的高校教育完全与学生的家庭教育脱节，这就制约了高校思政教育的影响力。产生这一现象的原因很多，如下所示。

（1）家长普遍重视学生专业课成绩，很少关注学生的思政教育情况，家长的态度会直接影响学生在科目上花费的精力。

（2）高校扩招，高校学生的数量增加，学生来自五湖四海，高校很难与每一个学生的家长建立联系。这种家庭与学校相分离的情况很不利于思政教育的开展。

第四节　高校思政教育的生活化、系统化、现代化

高校是思政教育的重要载体。根据当前高校教学的现状以及思政教育工作特点，高校思政教育工作开始走生活化、系统化、现代化的发展道路。将大学生思政教育工作贯穿于课堂教学、学校管理、文化建设、社会实践等各个环节，确保能够从教育内容、教育方法等方面实现全程育人、全员育人、全方位育人。高校展开“三化”实践活动更是要求高校能够不断探索，总结经验，开创我国高校思政教育事业发展的新局面。

一、高校思政教育的“三化”内涵和特征

（一）高校思政教育的生活化

目前，高校思政教育已经开始采用“生活化”的教学方式，放弃了过去的传统理论课堂教学模式。这个理论将马克思主义唯物辩证法、人本主义心理学和认知发展理论结合起来，可以更科学地指导大学生的社会实践活动。同时，这也有助于提高大学生的综合素质，促进他们全面而健康地发展。高校思政教育强调将

理论与实际紧密结合。因此，在课堂上，教师应该以实际案例为基础进行知识讲解，以帮助学生合理地剖析社会现象，采用紧密结合大学生实际生活的教学方式，将思政教育贯穿其中，使学生深刻感知思政教育与实际生活相互依存，避免引起疏离感。这样做可以引领大学生积极生活，达到全程育人的目标。

（二）高校思政教育的系统化

高校思政教育工作是一个全方位的工作，涉及大学生、教师以及课程教学的各个环节。因此，所有成员都需要积极参与，并理解高校思想政治教育的各方面内容，彼此交流并相互监督。当前，一些高校缺乏对思政教育课程的全面规划和系统安排，因此导致大学生在思政教育方面只是走马观花，难以将理论应用到实践，并且教育效果不佳。尽管思政教育应该在其他课堂教学和思想文化阵地中发挥育人作用，但有些教师仍然认为它属于哲学社会科学的思考范畴，这导致思政教育未能充分发挥其育人功能。

（三）高校思政教育的现代化

教育对于社会的进步和发展至关重要，并且随着现代社会的不断演变，教育也在快速现代化的进程中不断加速。这意味着思政教育应该不断跟进时代变革的步伐，随时调整教学内容以适应新的发展要求。利用现代信息技术，创建思政教育的教学环境，采用先进的教学模式，提高课堂教学质量，使得思政教育更具实效性。从传统单一教学主体模式向现在的双重主体教学模式转变是课堂教学方式的趋势。激励大学生在思政教育中自发地掌握学习主动权，让他们的积极性和创新能力得到充分发挥。

二、高校思政教育的"三化"路径及其实践探索

（一）生活化的实现路径及实践探索

1. 教学内容和手段与大学生生活实际相结合

为了让思政教育更加贴近现实生活，我们应该以大学生的具体生活为依据，将教育内容有机地融入他们的日常物质、心理和学业课程中。这种方法能够持续地减少大学生对思政教育理论的隔阂，促进他们对思政教育内容的更深刻理解，

从而提升思政教育的实际成效和针对性。传统高校的思政教育经常采用沉闷乏味的讲授方式，这种教学方式缺乏多样性，无法激发学生的兴趣，导致他们难以聚焦于学习，也因此使得他们失去了学习动力。因此，为了最大程度地发挥教师在大学生思政教育引领方面的作用，教师需要掌握生动有趣的教学方法，以此来激发大学生的自主学习能力。

2. 教学过程与大学生社会实践相结合

实践是人们有意识地进行的活动，通过实践，人们能够不断地改变和塑造自然和社会，这也是马克思主义的一个重要观点。通过将思政教育与社会实践相融合，从“价值引领、党团和班级建设、学风建设、大学生日常事务管理、心理健康教育与咨询工作、网络文化建设、校园危机事件应对、职业规划与就业创业指导”[①] 等方面入手，潜移默化地影响大学生的思想和意识。

（二）系统化的实现路径及实践探索

1. 实现教育内容的系统化

高校的思想政治教育包含许多方面，例如政治法律方面的教育、道德思想方面的教育、心理健康方面的教育、形势政策方面的教育，以及职业规划方面的教育。为了改善思政教育的质量，高校可以以“以课程引领思政教育”的思路，优化课程设置、更新专业教材、设计完善的教学方案和增强教学管理。此外，还需要寻找各门课程中与思想政治教育相关的因素，以实现思政教育与学科知识教育的有机融合，并贯穿于整个课堂教学过程。

2. 实现教育方法的系统化

这样才能最大限度地发挥课程在思政教育方面的作用。大学教育需要综合考虑学生特点和所学内容，采用多种教学策略来提高教学效果。在当下的社会环境下，我们可以通过实行分层次的教学方式，激发大学生的自觉性、积极性以及创新能力，使其得到充分发挥。在学校文化建设中，我们可以将所有相关工作分为四个级别：以学校为核心的层面、以二级学院为主导的层面、以专业教师为重要支持的层面，以及以大学生的行为为根本。这四个级别共同努力，方可建立更完

① 中华人民共和国中央人民政府．教育部：高校专职辅导员岗位按师生比不低于 1：200 比例设置 [EB/OL].（2017-09-30）[2023-07-22].https：//www.gov.cn/xinwen/2017-09/30/content_5228908.htm.

善的学校文化。通过主体分类，划分参与思政教育的不同群体，充分发挥每个群体的主观能动性，进而有序地提高思政教育的实效。除了要将理论知识进行系统化，系统化的教学也应包含教学计划的规范化和系统化。因此，教师需要精心谋划教学方案，以使大学生能够真正体验思政教育的重要性，从中获得前进的动力。

3. 实现教育过程的系统化

恩格斯指出："世界表现为一个统一的体系，即一个有联系的整体，这是显而易见的。"[①] 因此，高校实施的思想政治教育，应当符合思想政治工作、教育教学以及学生成长的规律，并使课堂教学、学校管理、文化建设以及社会实践的方方面面相互衔接、相互促进，以达到全面培养学生的目的。

（三）现代化的实现路径及实践探索

1. 要求能够实现高校思政话语系统的创新

在多元文化发展背景下，高校思政教育工作必须改变陈旧观念，创新教育模式，确保思政教育的主导地位的同时，不断地满足新时期大学生成长所需要的各种精神文化需求。

2. 要求能够创新教育载体

传统的思政教育主要载体在课本上，但随着网络时代的到来，高校思政教育的载体主要在网络平台上。因此，要求高校在教育工作中能够将网络纳入监管范畴，强化对大学生网络意识形态的监督管理，如"学习强国"App 正是思政教育的新媒体发展的表现，通过将现代高校思政教育融入新媒体，大大提高大学生在社会中的话语权以及参与度。

3. 要求能够优化教育队伍

思政教育现代化的重要组成部分是拥有高水平的思政教育团队。因此，高校应该积极利用各种资源，包括人力、物力和财力，致力于建设现代化的教育团队，构建高效的工作机制和体系，从而实现高校思政教育的"规范化、精准化、细致化"，并推动思政教育工作的现代化进程。

总的来说，高校思政教育的"三化"发展理论是一种新颖的方式，它进一步确认了思政教育在高校教育中的重要作用，并通过改革教学活动来实现思政育人

① 中共中央马克思恩格斯列宁斯大林著作编译局编译．马克思恩格斯全集．第 20 卷 [M]. 北京：人民出版社，2016.

的目标。“三化”发展理论的重要原则是要培养符合时代发展需求的人才，这是推进教育发展的重要理论基础。新时代要求全体思政教育工作者能够对症下药，根据生活化、系统化和现代化的不同特征，加强对大学生思政教育的重视程度，在高校思政教育工作中实现“三化”，最终实现“三全育人”。

第二章　高校思政教育教师队伍建设

教师一直被称为是人类灵魂的工程师，用这一称号来形容思政教育最合适不过。从本质上讲，思政教师是通过知识、技能、经验和道理的传输，达到对学生思想、精神和灵魂的培育，使学生具有正确的价值观，形成积极向上的人生态度，具备自我发展的意识，为个人及祖国的发展而努力奋斗。所以说，思政教师是高校思政课程建设的中坚力量。

本章主要探讨高校思政教育教师队伍建设，分为四节，主要介绍高校思政教师队伍发展现状、加强高校思政教师队伍建设的重要性、高校思政教师素质能力需求、高校思政教师队伍建设的总体思路和策略，旨在为高校思想政治教育工作的顺利开展提供保障。

第一节　高校思政教师队伍发展现状

一、高校思政教师个人素质发展分析

研究表明，高校专业思政教师面对的挑战因素相对多样化。其中主要包括不合理的年龄和职称分配待遇、思政教师的个人能力差异较大、各种干扰因素对他们个人成长的干扰、沉重的教学负担，而且大学师生关系改变等多种因素也不同程度地影响着教师的工作。以下是导致此问题的主要因素。

（一）工作压力大，进修热情低

高等教育中的专业思政教师，特别是年轻的教师，生活承受着很大的压力，主要因为薪资不高、工作强度大等原因。研究表明，目前高校年轻的思政教师群体普遍遭遇多重问题，包括高度紧张的科研工作、沉重的授课任务、相对较低的

薪酬水平，以及道德与知识方面的挑战。马斯洛的需求层次理论揭示了思政教师所遇到的生活问题是他们最基本需求的一种体现，这些需求极其迫切，必须得到满足。青年思政教师需要面对许多挑战，如应对生活中的压力和困难、缺乏安全感和平稳的职业发展通道等。这些因素对他们的士气和道德情感的提升产生了显著的制约作用。

研究表明，大多数普通高校的思政教师缺乏校内或校外的实践进修机会。有些思政教师表示，近几年来，许多学校一直在推崇思政教师到企业实践学习，这种做法对于提升思政教师专业水平具有一定的意义，他们也非常支持。然而，在实际操作中教师可能会遭遇不少难题和矛盾冲突。由于专业思政教师的工作任务繁重，精力有限，因此很难集中精力投入到企业实践当中，这确实是一种难以克服的困难。最近的研究表明，思政教师已经开始意识到进入企业实践和自我学习对于专业发展的重要性，并且支持这种模式。然而，他们在实践中面临诸如现实生活因素和工作任务的限制，这对于他们的专业发展产生了一定的制约。此外，由于学校扩招导致教学资源短缺，而且遇到思政教师放假、突发疾病或集中培训等情况时，学校面临的压力更是不可估量。

此外，鉴于高校扩招等原因，越来越多的青年思政教师被大量聘用。这些教师没有接受过科学、系统的教学前培训，却被安排到教学一线并承担了数量众多、任务繁重的课程。这些教师因为无法腾出时间备课和反思，同时缺乏足够的社会实践经验和技能，所以其专业教学能力不够出色，其教学方法也相对老旧。

（二）思政教师学历偏低，教学实践经验不足

1. 思政教师学历偏低

调查结果表明，一些高校研究生及以上学历毕业生比例不够理想，同时各校雇佣的博士学历教师数量也严重不足。高校的思政教师在年龄和职位分配上存在一些不合理的现象。就年龄而言，较年轻的教师和职称较低的教师在学校中占比较高，而拥有高级职称的思政教师比较少。这种现象可能会对学科建设和专业发展造成不利影响。

研究结果表明，学校严格限制了高级和中级专业技术职务岗位的设置比例。这种限制对思政教师的积极性和追求进步的动力产生了一定程度的负面影响，尤其是对于一些中青年思政教师来说，他们的职业发展遇到了很大的挑战。

2. 思政教师缺乏经验

现今社会，加强培养“双师双能”型人才的重要性更为突出。根据研究结果，近期招聘的年轻思政教师普遍偏向于关注理论层面，而较少关注实践方面。在招聘思政教师的过程中，很多高校更喜欢从自己校内的应届或往届毕业生里选拔相对年轻的候选人，这些候选人的学历和研究能力受到了更多的关注，而他们的实践技能则被忽视了。虽然年轻的思政教师有着坚实的理论基础，但是缺乏行业实践和实战经验。即使大多数思政教师持有“高校思想政治教师资格证”和“行业职业技能证书”，但他们通常只是名义上的“双师”，因为他们的教学和科研任务占据很多时间，所以他们不太能够参加企事业单位的培训和学习，因此与真正的“双师双能”型思政教师相差甚远。

从相关数据来看，在大多数高校中的思政教师中，外聘兼职人员的比例不到三成。虽然学校需要招收掌握高级技能的企业人才，但是这些人的学历往往无法达到高等教育要求的水平。此外，比较企业的薪资待遇，高校的薪资水平明显较低。为了招揽这类专才，需克服政策上的限制。这个问题需要上级部门、学院和企业进行合作协商，共同找出解决方案。

（三）思政教师缺乏创新的观念和魄力

可以看到，一些专业思政教师的思考方式过于僵化而缺乏灵活性。虽然他们对新技术以及科技的接受度比较高，但是在针对疑难问题的解决方案中却较少运用相关技术、理论及理念。他们的认知水平和思考方式依旧停留在很多年前的水平。如此一来，思政教师容易被传统思维方式所局限，先进教育技术、教育内容与教学方式的学习、消化与吸收受到阻碍，使得思政教师在高校思政课堂上，只能向学生灌输知识，并且讲授内容陈旧，教学方式呆板。这导致学生对思政课堂失去热情，不愿意参与相关的实践活动，从而无法达到高校思政课程立德树人的重要目标。

因此，高校的思政教师应该鼓励大学生自主去探索新的科技和知识，让思政课回归学生，让他们有更多的自主选择，同时指导他们并鼓励他们自由发挥，在这个过程中激发他们的创造性和自发性。但在实际教学中，思政教师仍然占据课堂主体地位，剥夺学生的主体权利。高校大学生和高校教师关系并没有想象的那么美好。

在高校教育和实践环节中，很多思政教师存在专断和独揽权力的现象，这种情况相对比较普遍。为了引领高校思政教师专业发展模式的变革，教师需要调整自己的授课理念。在教学过程中，他们应该深刻认识到自己既是学生的指导者，同时也是学生的伙伴和支持者。教师与学生应建立良好的互动关系和合作，共同取得进步。然而，实际上，在高校的思政课堂上，思政教师仍然倾向于以知识或技术的权威姿态对待学生。在课堂上，学生通常只是被灌输知识，很少发掘和思考有价值的问题，这导致了高校大学生和思政教师之间的互动交流质量不高，互动不够充分。此外，思政教师转变角色的进展缓慢，他们较难接受新技术和新思维，并持消极态度，这可能导致职业疲劳等不良后果。

（四）思政教师未能有效应用信息技术

随着信息时代的到来，社会不断积累更多的知识，因此越来越多的人渴望接受更多的教育。当今社会的需求已经超越了传统、朴素的信息获取方式的能力范围。此时，我们可以发现，目前学生对于信息素养的掌握往往只停留在经验层面上，难以激发他们的学习热情。因此，为了适应时代发展的需求，思政教师需要具备积极进取的态度，善于利用互联网资源，并持续提高自身信息技能水平。

1. 思政教师对信息技术的敏感度低

随着“互联网+”时代的到来，高校的专业思政教师必须融入新技术，并扩展自己的知识领域。利用信息技术，他们可以开拓更广阔的教学领域。事实上，高校思政教师在进行远程教学和网络授课时的能力和技术水平不如人们所期望的那样高，绝大多数思政教师难以适应新的信息技术教学模式，缺乏对新信息和新技术的敏感度，有些教师甚至对此持有抵触心理。另外，教学方法较为传统，教学资料不够充足，因此教学特色不够突出，教学质量较为欠缺，这妨碍了创新型人才的培养。

2. 思政教师的信息观念较为陈旧

尽管如今“互联网+教育”快速发展，但很多思政教师仍坚持旧有的信息观念，认为基于互联网的教育方式并不意味着会带来传统教学方式的颠覆。例如，高校课程、教学组织方式、教学方法和教育评价的改革，仍未必能因此实现多元化。未来，信息技术将成为思政教育教学的重要组成部分，为思政教师的成长和专业培训提供必要的工具和手段。此外，网络上提供了大量的开放式在线课程，因此思政教师需要重视利用网络平台和环境，为教育教学提供更好的服务。尽管有许多高校专业思政教师尝试利用这些平台，但他们面临许多难题。他们缺乏自学视频教程和相关操作指南的耐心，而且他们的信息素养发展较慢，部分原因是其信息观念较为陈旧。

二、高校思政教师职业素养分析

（一）当前高校思政教师职业素养存在的不足

1. 专业思想不牢，缺乏职业献身精神

我们都知道，在行动之前要先有思想。相关调查结果表明，目前高校的思政专业师范生在职前准备方面存在严重不足。在校期间，他们面临许多问题，比如专业观念不够坚定、职业意识不够清晰、对于新时期和新课程标准的了解不够深入、缺乏从事思政教师工作所需的热情和职业精神。主要表现如下。

一方面，高校思政专业师范生目前存在的困扰在于，他们未能树立起关于专业思想信仰的坚定立场，并且对于教师职业理想的认知还有待加强。同时，他们也很容易忽视提高自身思政教育素质的重要性，过分关注考研和兼职等事务，导致增加教育理论储备和提升思政教师素养的时间减少。经研究发现，师范生选择思政教育专业的主要原因并非自身对该专业的兴趣和喜爱，而是因为高考分数限制和强制调剂等原因被迫选该专业。因此，大部分学生在学习过程中缺乏热情和兴趣。据调查数据显示，有些学生选择该专业并非出于老师和家长的建议，而是受其他因素的影响。这也从另一个角度证明了大多数师范学生在入学时对这个专业的兴趣和热情不够高。此外，还有一半的学生在被问及是否愿意终身从事教育工作时持观望态度，表示只有当未来没有更好的职业选择时，才考虑从事思政教师职业。只有少数学生表达了他们希望从事思想政治教师职业的意愿。大多数师范生在校期间难以全情投入学习专业课程，这是一个很常见的现象。

另一方面，随着现代社会经济的快速发展和高校招生规模的持续扩大，毕业生的数量正不断增长。毕业于师范专业的学生在就业和生存方面面临着越来越大的挑战。在目前竞争激烈的就业市场中，有些学生并没有把担任思政教师视为一项崇高、神圣的职业，而仅仅把它当作谋生手段。另外，就师范生在成为思政教师方面的兴趣而言，几乎一半的学生选择考研以扩大未来的职业发展选择，只有一小部分学生直接选择从事教育事业。还有一些学生想在毕业后先尝试其他工作机会，如果找不到更好的工作，再考虑成为思政教师的工作。大部分师范生之所以愿意成为思政教师，是因为这份工作稳定性较高，薪酬待遇优厚，且享有较多的休假和保障。只有一小部分学生真正热爱从事教育事业，并且认为思政教师在社会上拥有较高地位并受人尊重。因此，大部分思政教师缺乏对思政教育的真正热情和职业献身精神。

2. 知识面贫瘠，非专业知识匮乏

研究发现，约有一半的高校思政教师将大部分的闲暇时间和精力投入到研读专业书籍、深入研究专业理论上，这一结论与之前的研究相一致。这表示现阶段绝大多数思政教师已经具备了扎实的专业知识掌握能力，并且他们有自我提升的愿望和动力。此外，只有 20% 的教师表明在业余时间偶尔阅读与自己的专业无关的书籍，如自然、人文、社会科学、美学和艺术等。另外一小部分教师则表明了将主要关注点放在提高自身就业技能上的想法。经过调查，可以得出结论，大多数思政教师只注重在自己专业领域内学习理论知识，却忽略了涉猎其他学科和非专业领域的知识，因此导致他们的知识储备不足，主要表现如下。

一方面，知识范畴较为狭窄，只能涉及自己所学专业的领域，而缺乏涵盖面广的知识基础。一些思政教师在教授时过于注重本专业学科知识，而忽略了涉及其他相关领域，比如社会科学和自然科学的知识。这使得他们的学科知识不够综合，难以满足现代大学对具备全能复合型思政教育师资格的需求。

另一方面，缺乏广泛领域的知识，包括自然、社会、人文科学、艺术美学、音乐等多个领域之间的跨学科知识。同时，也缺乏教育学、心理学等科学领域的培训。此外，就思政教师的知识储备而言，有近一半的教师承认他们在非专业领域和跨学科方面的知识储备较为不足，需要加强提升自身的综合素质。目前，大多数思政教师都已认识到自己知识储备方面的不足，因此希望通过各种方式增加自己的综合文化素养。为了迎合这种需求，高校应在课程设置时更多地考虑非专业性和综合性课程的比重。

3. 探究意识缺乏，创新能力不高

有些高校思政教师可能仍然受传统的应试教育观念所影响，过度强调理论知识的传授，而在培养学生实际能力方面的教育理念上存在欠缺。他们所采用的教学方法过于死板，不能根据实际需要灵活变通，也忽略了对学生创造性思维能力的培养。这种情形造成了学生对学习的热情不高，缺乏探究和创造的动力，同时也影响了他们创新能力的培养。尽管教师意识到创新思维对于提高教育教学水平至关重要，且希望具备这种能力，但在实际学习过程中，他们缺乏积极探究和思考的态度，也缺乏独立探索和获取新知识的能力，以及探索式学习的能力。一些大学的教学理念滞后，同时思政老师的教学方法也比较古板，缺少灵活性。这造成了学生失去了发自内心的学习兴趣以及思考和讨论的自由，也很难主动融入学习中。这种教学方法不利于激发学生的创造性和探究能力，同时还会限制他们的思维，导致无法发挥出他们的发散性和创新性思维，这对学生的成长没有太多的益处。高校思政课堂的教学氛围过于枯燥乏味，导致学生缺乏学习动力和兴趣。这种情况严重损害了高校思政教师的教学水平，导致教学成果明显下降。提高思政教师的创造力和创新能力，关键在于开展教育科研和教学实践项目。但目前，高校的科研实践和创新项目的种类单一，数量也十分有限。这种情形严重妨碍了该项目在培养思政教师的探索意识和创新能力方面所应发挥的作用。因而，思政专业的师范生难以踊跃参与实质性的科研工作和课题项目。同时，学生的涉猎科研和教学课题的研讨会很少，即便有这样的机会，也难以有效地提升自己的创造性思维与创新意识。

（二）高校思政教师职业素养问题的溯源

通过对目前思政教师职业素养存在问题的分析可知，新时期背景下的高校思政教师职业素养还与新时期高校思政课程要求相差甚远，原有的高校教育模式已经无法适应新时期的新要求。因此，传统的思政教育必须进行全方位转型，高校要针对当前思政教师职业素养存在的疑难问题，努力从教育理念、课程设置、教学方式、实践教学环节等方面来深刻探究其成因，争取培养出符合新时代要求的新型思政教师。

1.课程体系不合理

当前思政教师职业素养所存在的问题，我们应从思政教师的培养过程开始分析，也就是对思政专业以及思政专业师范学校的教育情况展开分析。

课程是教育的核心所在。不合适的课程设置将会严重削弱思政专业师范生在思政教育素养方面的培养成效。目前我国高校教育面临一些主要难题，其中包括高校思政教育改革面临的困境。这些困境主要表现在：教学课程结构不平衡、内容陈旧过时、缺乏与高校教学内容相衔接的情况。

（1）课程结构失衡

高校思政专业的课程安排非常复杂，包含多个学科领域的课程。然而，因为核心课程缺少明确性，每个学科的比例不够合理，这就导致了课程结构的不平衡。

首先，课程的学时和学分分配存在明显的不平衡情况。高校思政专业的课程设置存在一个问题，即过分强调学科专业课程，而没有充分考虑其他课程对于提升师范生思政教师的职业素养所起到的重要作用。具体来说就是过多地强调政治理论类和专业理论知识类等学科专业课程，而忽视了对于教育理论与技能课、实践教学课程以及综合素质选修课等其他课程的重要性。这种教学计划限制了学生个性的发挥和特长的培养，且无法充分提高学生的职业综合素养和从教技能。此外，它更具挑战性，需要大量复合型思政教育工作者的参与，以满足基础教育新时代的需求。

其次，课程安排过于宽泛，缺乏不同学科之间的有机联系，且缺乏逐步深入的内容，这会导致学生的知识体系不够完备，知识结构不够连贯。就思政教师应具备多元化知识结构的要求而言，我们可以看到目前的课程设置过于偏重专业性，过于注重专业课程的学习，而未能重视不同领域之间的相互联系及其综合发展的必要性。由于思政专业学生的知识广度相对较小，因此他们面对不同学科的知识整合和构建高品质教学素材的难度较大。由于缺乏多元化教学素养，改革创新能力以及全能型思政教师的需求难以被满足。

（2）课程内容陈旧、单一

高校思政专业课程过于单调，缺乏多样化元素，且未能充分融合高校思政教育。随着高校思政课程改革的不断推进和深入，现有的高校思政专业课程架构已经无法充分符合新时代高校思政课程理念的最新需求。教学内容与相关学科的最新进展存在很大差异，同时也没有很好地将职业教育、职业规划和就业指导等相关内容整合起来。这种状况反映出高校思政教师的职业发展规划培训存在重大缺陷，无法满足现阶段的需求。

首先，由于教学课程的陈旧性、教材的过时性以及更新的不及时性，学生的综合素质得不到充分提升，同时也无法培养与实际生活紧密联系的实践操作能力。同样地，由于教师在知识领域上的局限性，他们通常难以达到高等教育机构对思政教育师资的新要求，这意味着他们可能无法胜任相关的教学任务。因而，这种课程设置无法迅速反映学科的发展方向，也无法与新时期高校的思政课教学内容相符，这对于培养和提升学生和思政教师的职业素养没有好处。目前，思政专业的课程内容缺乏与日常生活、社会现实的紧密联系，并且不重视实践课程和探究式学习，导致学生缺少与社会实践相关的知识和实践经验，从而培养出来的学生难以满足新时代高校思政教师的新要求。

其次，目前的思政专业课程设置过于偏重于专业领域的理论学习，而忽略了对思政教育师资的教育培养。高等教育的课程已经与当前时代对课程的要求严重脱节。

2. 教学方式单一

一方面，长期以来，在我国传统教育中，教学方式一直以“思政教师为中心”“学科为中心”的方式为主，这种方式注重灌输，以思政教师为主要引导者，学生的角色受到限制，仅能被动地按照思政教师的安排和计划参与教学。高校教学缺乏师生互动，呈现为单向知识传授的状态。这种只有单方面传授知识的传统教学方式不符合现代高等教育的理念，并会导致学生和思政教师之间的沟通受阻。除此以外，这种教学方式可能会潜移默化地压抑学生的自主性和发展潜力，极大地阻碍学生创造性思维的培养。另外，在教育领域中，思政教师常常更加注重传授学科知识与理论，而较少关注培养学生独立思考和自我探究的能力，以及增强学生的创新与研究能力。这种教学方式导致师范生在工作后偏向于强调课程的知识性，而忽视了对学生情感、态度和价值观的培养。另一方面，高校的思政课通常采用的是单一的理论灌输式教学方式，缺乏多样性和创意性的灵活教学手段。思政专业的课程涵盖面广，内容丰富，体系完备，授课时间较长，教学内容注重理论性、抽象性和哲学性，而教学方式单一，通常只是传授理论知识。高校思政课程的主要教学方式是通过讲解来传授知识，这是由其专业特性所决定的。尽管如今高校的思政课程越来越多，但在教学方法上，仍然过于强调灌输，较少采用启发、对话和问题等教学方式。此外，由于思政课采用了灌输式教学模式，学生参与度不够高，也缺乏自我学习能力，在与思政教师和同学进行思想交流和互相理解方面存在不足。因此，学生很难真正参与到教学过程当中，这让思政教师需要花费更多的时间和精力去进行教学，但是教学效果并不尽如人意。此外，学生的自主学习能力、协作能力和潜能未被完全挖掘和培育出来。

3. 忽视实践教学的重要性

（1）教学理念僵化

当前，在培养思想政治学科专业的师范生成为出色的思政教育教师的过程中，高校的理念和了解与实际情况存在偏差，未能充分发挥实践教学的作用，提升师范生思想政治教育教师的职业素质，同时也未能快速提高学生的专业能力以适应高校新时代的发展需求。主要表现为以下方面。

第一，高校普遍以传授理论知识为重，忽视实践教学的重要性。而思政专业的理论性和抽象性较强，实践性和操作性相对较弱，导致教学过程与现实生活脱节，使得思政专业学生的综合职业能力无法达到实际需求。

第二，组织管理、资金支持和实践基地保障缺乏规范化，同时科学的考核和评价机制也缺失，这就导致教育实习和微格教学等现实教学模式在操作过程中难以实现有序协调和管理统一，它们也就无法充分发挥在强化师范生实践教学能力中的重要作用。

第三，我们错过了让学生提高实践和教学技能的机会，这是通过实践课程实现的。思政专业的教学体系中，理论教育更受重视，占据了更多的教学时间，相应地，实践教育所分配到的时间较少。此外，微格教学和顶岗支教实习等实践教学虽然有一定的实践内容，但相对缺乏深度、实质性的教育理论支持。学生们在进行实践教学活动时，很少能够得到教育理论方面的指导和帮助。因此，教育实践活动没有成功地提升师范生实践教学技能的能力。

（2）教育实习形式主义严重

在师范生实习阶段，他们能够有机会将学习的教育学理论应用到实践中，并积累丰富的教学经验，这是他们转变为教师角色的重要时期。实习能够帮助师范生更深刻地领会教育教学理论，并对教学工作有更深入的认识。这对于他们胜任未来在新时期高校思政教师岗位奠定了坚实的基础。目前的教育实习存在以下问题：实习内容单一、实习期限过短、规划不周、管理不严、实习学生缺乏充分的理论准备且考核标准不够严格。这些问题导致教育实习的过程变得徒有形式，缺乏实质内容。

第一，高校和实习学校之间的互利关系存在不平衡的情形，缺少建立互相联系的“教学共同体”。许多实习学校认为，实习生在专业知识和实践经验方面存在不足，这可能会对学校的教学计划和质量带来负面影响。因此，在一定程度上，学校限制了接受教育实习工作的实习生数量。这种不公平、不合理的利益关系将会对实习教育的质量造成严重损害，同时也会给实习学校的教学水平和思政教师的综合素质提升带来极大的不利影响。

第二，由于教育实习时间不充足并且排布不合理，师范生未能充分展现其实践教学能力的潜力。目前，许多高等师范院校只安排了 5 至 8 周的实习时间，这仅占整个课时比例的约 5%。相比于一些发达国家的约 20% 比例，这个比例实在是太低了。另外，目前许多大学都在大四第二学期安排了教育实习，而这一时期是学生备考研究生并参加就业招聘的时间，这使师范生感到压力沉重，无法全身心地投入到教育实习中。这种安排过于集中与滞后，这使得师范生很难在毕业前取得实践教学所需的真正技能。

第三，教育实习管理体制的滞后表现在缺乏统一的有效管理措施，因此实习学校通常独立自主运作，往往缺乏对实习工作的充分重视，实习设备和教学环境未能充分保障。由于某些实习学校没有必要的教学设备和优秀的教师队伍，因此实习工作的质量得不到足够的保障。

第四，教育实习考核制度缺乏细致的规定，只是一种形式的过程，不能全面评估和审查师范生在实习期间的教学能力和表现。这个复杂问题的主要根源在于高校和实习学校之间互相推诿，缺乏对于实习教育的重要性的认识。

三、高校思政教师队伍建设成就及问题

高校思政教师承担着至关重要的任务，就是引领学生正确认识唯物主义世界观、人生观和价值观。这项工作致力于以共产主义理论、毛泽东思想、邓小平理论、“三个代表”重要思想、科学发展观以及习近平新时代中国特色社会主义思想为指导，从而达到对学生成长的培养目标，引导学生树立中国特色社会主义建设的理想，并且不断坚持党的基本路线以及全面提升个人素质，并通过科学的思

维方式、生活态度和价值观，帮助他们促进和谐发展。自改革开放以来，高校思想政治教育师资队伍备受党和政府关注。随着政治和经济体制深化改革，以及高等教育事业蓬勃发展，该队伍的发展已经进入了一个全新的阶段。虽然高校思政教师队伍建设已有一定进展，但也存在一些尚待解决的问题和欠缺之处。

（一）高校思政教师队伍建设成就

（1）国家制定并出台了一系列高校思政教师队伍建设的政策和法规

思想政治教师配置的标准和数量已成为高等教育学校本科教育评估指标之一，同时与其他校内办学工作一同被纳入评估审查。定期评估全国优秀高校的思政教育工作，通过适当方式对成果进行表彰，并且对杰出的高校思政教师进行赞扬。近些年来，许多地方和教育机构都出台了相关政策和规定，以保护高校思政教师的合法权益，提高他们的地位，并为他们提供法律和政策上的支持。这能够帮助高校提升思政教师队伍的建设水平，确保其符合法律和规范要求。2013 年，为贯彻落实《中共中央宣传部 教育部关于进一步加强高等学校思想政治理论课教师队伍建设的意见》（教社科〔2008〕5 号）精神，国家建立了首批 12 个“全国高校思想政治理论课教师的社会实践研修基地”，[①] 旨在推动高校思政理论课教师的社会实践研修活动制度化。这一行动表明了党和政府高度重视思政教师队伍建设，旨在增强思政教师的理论知识水平，并有力提升高校思政教师的管理能力。

（2）高校思政教师队伍素质有了明显的提高

高校的思政教师综合素质已经有了显著的提高，他们中涌现出一批勇于接受挑战、专业技术高超、关注学生的发展、热爱付出和奉献、积极进取、富有创新意识和创造精神的杰出人才。总体来看，当前高校思政教师的基本特征和主流思想倾向是向着积极进取的方向发展。这支队伍在政治、思想、业务和心理素质方面都展现出了出色的表现，他们工作非常高效且专业水准极高。在长期的思想政治教育中，高校思政教师扮演着不可或缺的角色。他们坚持贯彻党的教育方针，积极增强学生政治和道德素养，这对于促进学校的改革发展和社会稳定起到了积极的推动作用。我国高等教育中的思想政治教育为培养大批优秀人才作出了巨大

① 中华人民共和国教育部．教育部办公厅关于建立首批全国高校思想政治理论课教师社会实践研修基地的通知 [EB/OL].（2013-05-29）[2023-07-22].http：//www.moe.gov.cn/srcsite/A13/moe_772/201305/t20130529_152884.html.

贡献，同时也为我国物质文明、精神文明、政治文明的建设发挥了不可忽视的作用。

“问渠那得清如许，为有源头活水来”[①]，高校思政教师们通过不断的努力工作，建立了一支强大的团队，并产生了辉煌的传统。这些传统的导向教导每位思政教师向前走，并且帮助后来者掌握基本的社会工作方法和学术交流的技巧。但是必须认识到，随着国际和国内环境不断变化以及高等教育事业快速发展，高校思政教育工作必须不断进行调整和改善，以适应不同的环境、不同的受众、不同的课程内容和任务等方面的需求。因此，思政教师队伍建设也面临着新的挑战和需求，需要我们迅速解决。

（二）高校思政教师队伍建设存在的问题

1. 专业性不突出，专业化程度较低

（1）教师队伍建设机制不完善

在高校，长期存在着对思政教师队伍的考核、激励及晋升机制不健全现象。不能很有效地对思政教师工作进行考评，就很难形成对思政教师嘉奖还是惩罚的依据，很难形成思政教师职称评定的有效参考，长期以来必将对思政教师们的工作热情及上进心造成严重的影响。

另外，思政课程与其他专业课程不同，它本质上是对学生思想观念的教育培养。一般情况下，如果我们不能通过考试的情况来考察学生的学习效果，也就无法评定思政教师的教学效果，而且各大高校并没有建立相关的、有效的课程评价机制，这也对高校思政教师的工作积极性造成很大的影响。

并且，不健全的考核激励机制不利于挖掘思政教师的内在潜力，不利于他们工作热情、积极性、创造力的发挥。而建立高校思政教师工作考核机制，能够对思政教师工作进行科学合理的评价，对努力工作的思政教师给予表扬和鼓励，对消极工作的思政教师给予警告和惩罚，这样容易在思政教师队伍中形成赶超先进、力争上游的氛围，能够有效地刺激思政教师的责任心，督促其在工作岗位上尽心竭力地工作，并通过树立先进典型，为他们今后工作指明努力方向，充分调动思政教师工作的积极性，唤起工作激情，不断完善自我，提高工作质量。如果成绩突出的没有嘉奖，工作落后的没人责罚，长此以往，必将引起思政教师们的消极心理，从而直接影响思政教师队伍的建设和整体的工作效果。

① 朱祖延．引用语大辞典（增订本）[M]．武汉：武汉出版社，2010.

因此，思政教师的工作不仅要考核，还应结合工作实际科学合理考核，制定详尽考核条例，最好还要学生参与考核，因为对思政教师的工作他们更有发言权。思政教师是否有责任心，是否能够细心、耐心、设身处地地为学生着想，尽心竭力为学生解决问题，都要制定具体详尽的考核标准逐一让学生打分。然而思政教师队伍建设课题中的难点和弱点便是缺乏对思政教育工作的系统、全面且具体的考核机制。

（2）思政教师各方面素养不足

在知识经济背景下，以及互联网技术的支持下，当代大学生获取知识和信息的渠道越来越多，自身文化素养越来越高。所以，作为高校思政教师，也要不断地学习，不断扩充和完善自己的知识体系，跟上时代的步伐，全面提高自身素质，只有这样，才能真正走近学生，了解学生，才能真正成为令学生信服、爱戴，并且能够让学生受益的“人生导师”和“知心朋友”。

况且，社会变迁如此之快、经济飞速发展的今天，大学生对政治、社会经济、科技文化等都有着自己独特的见解，思政教师想要对学生的思想进行引导，又能融社会主义的基本观点于其中，则要求其不能简单地说教，而要对自己的知识活学活用，将社会主义的基本观点融会贯通，对学生进行“灌输”。这里的灌输，早已不是传统意义上老师对学生进行知识传授，而应成为具有感染力、号召力，容易让人信服的教育引导。

举例来说，社会存在着一些贪污腐败和贫富差距大的现象，面对这些社会现象，有些学生对社会主义市场经济提出质疑，此时作为思政工作教育者的老师要想解释、透析这些社会现象并最终说服学生坚定社会主义信念不动摇，就需要具有全面的知识体系。然而很多思政教师没有掌握这样全面的知识体系和引导教育学生的能力，甚至部分教师没有系统学习过思政教育专业的基本知识和基本理论。正因为专业化水平低，也使得思政教师们在工作中难以取得理想的效果。

2. 考评制度存在不足，法制化滞后

首先在于无法确定可靠的考评指标。作为一名思政教师，工作的主要目标是指导和影响学生，帮助他们成长和成才。与其他教师相比，思政教师的工作绩效难以通过硬性指标，如课时、成果和学生成绩来衡量。因此，必须确立全面而客观的考评指标，以精确反映思政教师在工作量和工作质量方面的表现。

其次，考核内容存在一些偏差，更加注重事务处理，而相对忽略教育引导。因为思政教师的管理工作可以量化评估，而教育引导工作则需要长期、隐秘地推进，因此考评标准通常更注重管理任务的完成情况。这种考评方法可能会对思政教师的工作方向产生负面影响。

3. 思政教师人格魅力有待提高

思政教师担负着培养学生正确思想观念的工作。“亲其师，信其道”[①]，作为以思政教育为主要工作内容的思政教师，必须具有足够的人格魅力，在学生面前必须有作为老师的威严，能够帮助学生答疑解惑，为学生的人生成长指引正确的方向。同时，思政教师也要有平易近人的一面，要成为大学生的“知心朋友”，这样才能深入学生群体，深度了解当前大学生的生活和学习现状，了解他们的内心想法以及他们所面临的问题，这样才能给予学生恰当的帮助和指导，才能得到更多思想教育的契机，从而逐渐树立学生正确的价值观、人生观，有效提升思政教师思想教育的工作效果。

四、影响高校思政教师队伍专业化建设的因素

（一）高校思政教育受到利益多元化的冲击

随着时代的变迁，全球化的发展使得人与人之间的纽带越来越紧密，由此产生的竞争涉及来自多个方面的利益主体，从而形成了利益多元化的局面。利益多元化指的是在利益系统中涉及多个不同的利益相关方。当前，中国社会正经历迅速发展的时期，并呈现出多样化的转型特征。随着社会主义市场经济为主导的经济发展进入深刻变革时期，人们的生活方式和价值观念也发生了巨大改变。在这种情况下，大学生在各个方面，例如世界观、价值观、理想和人生目标等，都会发生相应的改变和调整。高校思想政治教育因时代变迁和思想开放而独具特色。然而，社会转型带来的不同利益和多元化需求，影响了高校思政教育的实施，提出了新的挑战。

1. 高校思政教育宏观环境受到影响

就国内环境来说，我国在改革开放后处于社会转型的关键时期，经济、政治、

① 李焕云．孝道智慧 [M]. 北京：当代世界出版社，2021.

社会、文化都发生了巨大的变化，交往方式、生活方式、思维方式也都发生了较大的变化。改革在多个领域继续深化，社会更加开放，使国内环境发生了翻天覆地的变化。思想空前的活跃，文化创造不断发展。在复杂国际和国内环境下，利益多元化对高校教育势必会带来影响与冲击。因此，高校思政教育必须要应对客观现实，关注不同利益主体多元化的需求，才能增加思政教育的实效性。

2. 高校思政教育微观环境受到影响

社会转型多元化利益的变化会对微观环境产生影响。随着社会的转型，人们的互动方式发生了改变，人与人之间的交际圈变得更加广泛，这使得我们的精神世界变得更加充实多彩。这种改变促使个人表现出他们独特的个性特征，并能够充分地传达各种不同的需求。高校应该根据学生的认知方式和个体差异，探索并提供多样化的思政教育方式，以满足学生在不同层面的发展需求。

随着社会转型，家庭的构成和环境发生了变化，这对高校的思政教育提出了严峻的考验。改革开放 40 多年来，中国家庭结构发生了翻天覆地的变化，原有家庭模式被推向转变的前沿。自从计划生育政策实行以来，我国出现了一些由父母和孩子组成的二代家庭。随着孩子数量的减少，这些家庭的规模逐渐变小了。由于社会观念的演变以及各方利益的多元化，人们对于离婚的接受程度日益提高。由此产生的结果是，我国越来越多的家庭变成了只有一个成年人独自抚养子女的二人户家庭。由于家庭背景的转变或父母工作繁忙等原因，家庭结构变得更加不完整，这使得高校思政教育面临更大的考验。尽管社会在不断变化发展，许多家长仍以自身利益为驱动，将社会所带来的压力和个人情绪转嫁到孩子身上，使得孩子内心充满了疑惑和不安，最终可能导致各种心理问题的出现。部分家长由于追求利益多元化，出现了拜金和享乐的思想，这导致他们的道德观和行为规范受到了影响。此外，一些家长过分溺爱和放纵孩子，导致子女的道德和价值观出现问题。互联网的兴起促进了西方思想文化的广泛传播和交流，使得人们能够在网络平台上获得多种信息。这种情况给大学生带来了伦理和价值观的困惑，因此高校的思政教育承受了巨大的压力。

3. 高校思政教育不可控因素增多

随着社会发展带来的利益多样性增加，思政教育所面临的不可预测因素也越来越多，这种变化也对大学生的价值观和行为作出选择造成了影响。随着社会的日益复杂化和科技的快速进步，大学生的思想呈现出多元化与多边性的特点。这些变化对思政教育产生了严峻的考验，因为这会导致一些学生缺乏社会责任感，丧失理想信仰并面临着心理问题。

在教育过程中，思维活动是最具挑战性的，很难完全控制。大学生思想在多元社会中呈现出高度包容、复杂和多样特点，使得思政教育在对他们进行有效引导时面临巨大挑战。目前，中国正在经历一次社会转型变革。在这个过程中，我们需要逐步更新我们的思维方式，结合西方文化，充分借鉴传统文化的智慧，以适应不断多元化的文化交流和发展之需。

针对这一系列的变化，高校思政教育必须主动顺应社会的转型，以开放发展的眼光在新的时代继续引导高校大学生树立正确的理想信念，使思政实效性真正得到提高。

（二）高校思政教育受到西方文化的影响

全球化的本质在于人类逐步趋向社会化。随着科技和经济的发展，不同国家之间的联系越来越紧密，全球形成了紧密的、互相依存的整体。马克思和恩格斯认为，大变革时代可以被称作“世界历史”，这是他们理论中的表述。虽然全球化是否适宜仍需辩论，但无可否认的是全球化已经成为现实，符合马克思早已描绘的情景。自上世纪 80 年代以来，全球经济之间的联系和互动越来越趋紧密和深入，并呈现出持续不断的增长和加速趋势。现今世界正处于多极化和经济全球化的时代，同时新一轮信息革命也在加速这种趋势。随着时代的演变，全球各地的思想和文化在相互交流和传播的速度上也越来越快。在全球化的背景下，西方文化已经开始对我国一部分年轻大学生产生影响，并逐渐渗透到他们的生活中。青年大学生对于高校思政教育的实施有巨大的作用，因此国家在这方面非常重视。我国自改革开放以来，取得了显著的经济、政治和文化成就，这些变革也深刻影响了人们的思想、价值观和生活方式。

1. 高校思政教师受到西方文化的影响

毫无疑问，文化传承和人才培养方面的重要性使得思政教师的作用不言而喻。在全球化背景下，东西方文化进行了一定程度的交融，这对人类社会文明发展有着一定的促进作用。但是，西方文化并不完全适用于我国社会的发展，甚至一些西方文明会对我国社会发展、人才培育造成一定的负面影响。在这种情况下，一些原本有坚定信念的思政老师可能会受到西方文化的某些方面的影响，并将其融入到自己的思考中，对学生产生重要影响。高校思政教师应当具备真正深入学习、理解与信仰马克思主义理论的能力，以此来提高自身的综合素质和口才水平，使其言论更加具有说服力。

2. 高校大学生受到西方文化的影响

高校大学生是国家和民族的未来。西方文化、价值观念对高校大学生思想观念有很大的影响。个人主义在某些西方价值观中被重点宣扬，因此强调将个人置于核心位置。由于与我国传统价值观存在显著不同，一些大学生在追求个人独立和自我认同时可能会受到西方价值观的影响，从而产生失落和无助的感受。随着全球化的进程不断推进，西方文化正在日益普及，并通过新兴的传媒手段得到了广泛传播。具体来说，其主要表现包括以下几点。

第一，这个国家可以将自身的价值观与文化产业相融合，并以全新的方式去传播其文化，从而对其他国家的文化产生影响。

第二，在互联网高度发达的时代，西方文明与网络技术相结合，影响力更强。随着我国网络的快速发展，一些西方国家在利用网络优势时，对我国进行渗透和融合。许多现代高校学生非常喜欢那些由西方国家发布的网络游戏。这些高校学生不经意地沉迷于虚拟世界，忽视了现实世界的信念和内心，导致他们的毅力逐渐衰退。这不仅使学生浪费了宝贵的学习时间，而且对年轻学生的未来规划产生了负面影响。

（三）高校党团教育的效果受到互联网环境的负面影响

人类社会的进步得益于互联网信息技术的快速发展。随着网络信息技术的进步，人们之间的联系更加紧密，同时网络信息技术也在消除国家与国家之间的边界。尤其是在大学校园里，学生们正处于学习和接纳新思想的关键阶段。他们头脑灵活，乐于迎接这种充满活力的互联网文化。以前，大学生的教育主要由校内的党团思政教师负责。这些教师包括领导学生事务的人、团委的思政教师、大学的思政课教师和辅导员。在中国互联网未普及或未出现之前，高校的思想政治教师通过言传身教赢得学生的信任，并取得了卓越的教育成果。但随着互联网的普及，高校党团教育受到了较大的冲击，教育效果也受到了很大的削弱。虽然对于全球经济的进步有积极作用，但若应用不得当，则可能会对人类社会的发展造成危害。马克思和恩格斯曾高度评价技术对人类社会发展的重要贡献，但同时也指出了技术带来的异化现象。这种异化让人们遭受压迫和束缚，丧失了自由，成为了机械般被操纵的工具。

90后和00后的大学生在数字化时代逐渐成长起来，他们希望展示出独特的个性特点，主张追求自主和自由的生活态度。随着中国经济的高速增长，生活在当下的90后和00后大学生的居住条件和生活水平有了明显的提高。当前的一代人更加关注个人情感和价值的体验，相较于政治问题，其并不是非常重视。他们注重自我意识和认知能力，从年幼时期开始就习惯于在线获取信息和知识。因此，00年后出生的大学生具有数字化的思维方式，他们已经习惯将互联网融入日常生活和学习中。在网络社交、网络学习和网络消费等方面，他们显现出了极具实力且娴熟的技能。网络上的词汇，比如“佛系”“吃鸡”，已经成为他们日常生活的一部分。此外，网络购物和游戏也已经成为他们生活的重要方面，不仅方便、高效，还能提升生活质量。反之，西方国家巧妙地利用年轻学生广泛使用互联网的趋势，通过网络宣传和推广渗透他们的政治信仰、文化价值和生活方式。

在互联网广泛普及之前，大学生主要通过参加学校的思想政治课程获取信息，并从教师的言传身教中受到潜移默化的影响，这有助于形成他们的世界观和价值观。信息技术在今天以超出人们可控制的速度发展起来，促成了“静悄悄的革命”，使人们真正能够像中国谚语所说的那样，“秀才不出门，能知天下事”①。学生的生活和学习方式已经全面改变，因为互联网的普及为他们开辟了全新的了解世界的方式。现今的大学生越来越依赖于网络，而传统的高校思政教育方式已经无法满足学生的新特点和需求。随着大学生对网络使用的日益普及，他们也逐渐倾向于寻求与思政相关的支持和帮助。这种趋势引起了大学生思维方式的一些变化。传统大学的党团教育可以培养学生的扩散思维技能，但是在互联网上，信息可视化的呈现方式更为直观，这会很容易让学生陷入急于求成的心态，从而影响对多元思维模式的培养。随着网络的普及，高校党团教育面临的挑战也越来越多。在这种情况下，思政教师应当积极更新自己的思维方式，灵活应用互联网资源，以便为学生提供恰当的教育和引导，以适应学习环境的快速变化。

① 王纪云，罗自立. 对偶句民俗格言辞典 [M]. 海口：海南出版社，1992.

高校思政教师应该改变思维模式，要着重将传统的授课方式转换成适应互联网时代的教学方式。在高等教育机构中，党团组织和思想政治理论教师需深入掌握学生的特质，重视校园网络安全建设，以提升学生的网络安全意识。另外，思政教师应当具备一定的互联网应用技巧。即使高校党团工作人员掌握了丰富的理论知识，如果没有掌握互联网技术的应用，也难以有效地与学生沟通，对学生进行引导和教育。高校的党团工作者应该采用多元的方式与学生建立有效联系，进行心灵交流，在帮助他们树立正确的世界观和价值观方面获得成功。高校应当持续关注思政教师的互联网技能发展，并提供相应时机和条件来支持他们的学习。随着形势的变化，思政教师需要不断提升自己的理念，以更有效地利用互联网资源，推进高校党团教育，使其发挥更大的作用。

（四）高校思政教育受到传统教育理念的影响

为了培养对社会主义建设具有实际应用能力的人才，思政教师在教学中需要教授各类自然科学、社会科学和人文科学知识，扮演着知识传递者的角色。从思政教师的观点来看，学生所掌握的知识越广泛，他们在教育上的成功指标就越高。一些高校的思政教师在对学生的教学全过程进行严格的管理，并且建立起绝对权威的形象。然而，这种教学方式将学生视作物品，限制了他们的多元发展和思想自由，使其变得单一化。同时，思政教师也因此成为单一维度的思政教师。

近年来，在大学校园内，我们越来越频繁地听到一些本科生、研究生，甚至是在国内著名大学攻读博士学位的学生自杀的悲惨事件。尽管他们具备优越的学历和出色的成绩，但他们存在一些共性问题，如缺乏面对挫折的能力、不擅长社交和人际沟通，以及心理承受能力较差。他们在传统教育理念下，只注重学习，缺乏多元化的发展，变得单一化。所以我们要认识到历史追溯的价值，必须思考社会、大学以及家庭在这一方面所作出的努力和贡献。高校中的思政教师承担着传授知识、引领思想的责任，被视作激发智慧、培养未来人才的关键人物，然而却常常被人看作是实现教学任务的工具。事实上，高等教育中思想政治理论课教师承担着非常关键的培养学生的责任。思政教师的职责是帮助学生在教育中找到自我认知和促进个人成长。思政教师应该在教学中担任引导学生学习、以学生为中心的角色。具体而言，教师需要充分了解每个学生的情况，给予他们所需的帮助和教育，促进他们的全面发展。这种教育方式并不是死板地将政治理论灌输给学生，而是关注学生的个人差异，为每位学生提供有针对性的指导。在当今社会，人们拥有极其丰富的物质财富，因此在满足了一定的物质需求之后，人们的精神自由应该得到更为重视，不能被限制或压抑在同一标准和行为范围内，以免损害个体独特的个性特点。在传统教育理念下，高校思政理论课教师通常被塑造成“蜡烛”“春蚕”等符号，过于强调其职业身份，导致教学角色过于单一受限。在这种情况下，思政教师的职业角色可能会失去活力，变得机械和工业化。这种情况下，思政教师可能会被看作只是一种教学工具，而非一个有灵性和教育使命的人，但高校思政教师同样属于普通社会成员。因此，我们不应忽略思政教师的个人日常生活和社会人性。思政教师需要在承担职业责任的同时，也需要照顾自己的情感和生活，如果只停留在一种单一的思政角色中，思政教师可能会感到麻木和疲惫不堪。高校思政教师除了要关注学生的个人成长，也需要关注自身的职业发展和个人成长。

因此，高校思政教师的作用不仅仅是教学，还应具有独特的内在价值创造，具备自我意识和创造力。如果思政教师想要确保学生得到良好的成长，那么他们必须不断地自我提高和发展。因此，持续的进步和发展是思政教师必须要做的。在高校思政课教育中，思政教师需要充当启发和引导学生的角色，深入了解并重视学生个性和特点，积极鼓励并引导他们参与思政课堂，从而真正推动理论教学的实践和深入。这种转变意味着不再采用单一的讲解方式，而是采用更为渐进的教学方式，从而使学生更好地接受并理解思政课的内容。

第二节　加强高校思政教师队伍建设的重要性

新形势下，高校思政教师队伍建设所处的环境已经发生了很大的变化。面对新形势、新任务、新要求，高校思政教师要更好地适应时代发展的需要，完成自身肩负的历史使命，勇敢应对各类挑战。

一、国内外形势变化对高校思政教师提出了更高要求

当前国际国内政治经济格局正在发生重大变化，致使高校思政教师队伍建设面临着一系列新情况和新问题。

（一）经济全球化的影响

经济全球化是国际政治和经济格局变化的显著表现。全球经济一体化意味着各国可以在全球范围内优化本国资源的利用方式，以实现最佳的经济效益。发展中国家必须参与经济全球化，以实现经济突飞猛进的发展。这并非仅仅是因为理智决定的结果，更是因为没有其他选择，如果不参与，注定会走向失败。目前的经济全球化是逐步形成的，其起源可以追溯到资本主义的扩张和生产方式的变革。它有可能同时促进各国资源配置的更有效利用。发达国家的优势在各个领域都明显，因此很容易造成发达国家与发展中国家之间分配不公正、不平等、不合理的情况，这又助长了全球范围内的经济两极分化趋势。世界经济全球化和政治格局的转变相互影响密切。一些先进国家试图借助全球经济一体化所带来的优势，加强其在全球政治态势中的影响力，把经济的融合视为一种“西方化”的方式。在全球经济竞争和国际政治环境快速变化的情况下，发展中国家必须更加注重维护国家主权、国家利益和国家安全，以适应时代的发展。此外，当前全球政治经济形势的新变化，要求我们以更高、更新的标准来培养人们的思想政治素养。为了适应和参与全球经济运作，所培养的人需要了解全球经济趋势。此外，还需要对全球经济政治格局变革的本质和趋势有深刻的理解，以及具备应对可能出现的复杂局面的冷静能力。就人的素质而言，高校思政教师队伍除了要有现代科技和管理方面的能力，还需要具备政治素养。这包括能够意识到维护国家主权、利益和安全的重要性，同时具备对祖国、集体和社会主义的忠诚和热爱。这些新的要求不仅是高校思政教育工作中的新内容，也是必须解决的新问题。

（二）市场经济对思政教育工作的冲击

我国正处于一个新的历史时期，市场经济制度的建立使得整个社会发生了翻天覆地的变化。这个制度的设立将会带来经济成分、经济利益、收入分配方式和社会生活方式等多方面的变革，使得这些方面呈现出多元化的趋势。随之而来的是社会上各种观念和行为表现，其中包括一些与马克思主义、社会主义无关的一些言论。例如，有人公开提倡“全盘西化”“多党制”“议会民主”和“私有化”，同时也有人明目张胆地违法乱纪，给国家和人民的利益带来危害。这些误导性的观念和行为已经在学校中流传开来，不可避免地对教师和学生造成了负面影响，导致一些教师和学生对某些基本理论的理解变得模糊不清。高校思政教师面临着拜金主义和功利主义的挑战，这些思潮影响了传统的教育理念，甚至冲击了那些身处象牙塔的知识精英。在这种情况下，重视利益的观念逐渐取代了之前的重视道德的观念。因此可以说，在以经济建设为中心的社会发展时期如何正确认识和处理经济与政治、经济发展与思想道德升华、经济增长与人的全面发展之间的关系，成为高校思政教师需要潜心研究和探讨的重大课题。

（三）精英教育向大众教育转变的影响

自 20 世纪 90 年代末高校开始扩招以来，高校在校学生数量急速上升，高等教育逐步从精英教育向大众教育转型。随着高等教育的普及，学生入学时的基础水平相对较低。在精英教育盛行的时代，曾被门槛拒之门外的学生，还有一些在中学时期缺乏良好学习习惯、学习动力不足，或者厌倦学习的学生，现如今都得以踏入大学校园。随着时间的推移，独生子女成为学生群体中的主力军，他们需要应对日益增长的学习难度和生活自理的挑战。这明显增加了高校思政教师的工作难度，并为高校思政教育提出了新的要求。近年来，高校在校生的数量迅速增加，这加重了高校在教学、管理和后勤等方面的负担，给高校带来了更多的挑战与考验。

为了保障高校的稳定和发展，维护教学和生活秩序，以及提高学生思政教育工作的实效性，我们需要组建一个政治素质高、工作扎实的高等教育思想政治理论课教师团队。

二、应对现代科学技术发展对传统教育模式和人才培养方式的冲击

近年来，随着现代科技的迅猛发展和社会生产力的变革，我们的社会物质财富得到了极大的丰富，人类的生活范围也得到了扩大，并且人们的生活质量也得到了显著的提高。同时，人们的思想观念也在深刻地受到这些变化的影响。常见的现象是人们更加注重物质的实际效用，却容易忽视精神层面的作用；更倾向于关注创造物质的过程，而忽略了政治方向的指引作用；更专注于物质层面，却轻视个人修养对生活的重要性。随着现代科技的飞速发展和网络信息文化的兴起，我们可以明显察觉到在各个领域中，传统的思维方式、习惯和行事方式都将受到

深刻的影响。这也意味着我们需要进行重大的变革，包括但不限于生产方式、生活方式以及思维方式等方面，需要作出巨大的调整。这将无疑对传统教育体系和培养方式施加压力，同时对高校思政教师的培训和选拔提出新的挑战。

（一）传统思政教育模式已不适应新时期人才培养的需求

长期以来，高校一直采取正面灌输的方式进行思政教育。同时，一些社会思潮被禁止，导致学生处于封闭状态。除了召开会议和谈话这样正面的沟通方式外，管理手段的选择也受到限制。随着知识经济和信息时代的兴起，信息技术得到了迅猛的发展。网络文化和多元文化已经深入到社会的各个层面。学生的生活和交际环境相当宽广，他们的选择和交往方式也因人而异。此外，学生所遇到的心理、政治、和思想问题往往彼此关联不可分。因而，过于局限的思维培养方式和粗暴的管理方式已不再适用于解决学生心理问题，也难以实现对学生积极成长的有效引导。换句话来说，过去采用的防御性、任务导向性和被动性的思政教育管理方式，对素质教育的实践和效果造成了很大的限制，已经无法适应当前人才培养的需要。

（二）网络技术的发展要求改变传统的人才培养方式

在21世纪这个时代，信息的流动变得更加频繁和便利，主要表现为信息网络化的趋势。随着信息技术的迅猛发展，全球经济一体化、政治多元化和教育国际化趋势愈加显著。全球范围内网络信息技术的快速普及，给人类社会带来一场影响深远的全面变革。现今，互联网已将大学生带入一个无限广阔的虚拟空间里。研究表明，所有大学生都使用互联网，这是因为互联网具有开放、互动和快速等优势，因此深受大学生的欢迎和追捧。当下的大学生受网络影响，并受到前所未有的冲击。他们的世界观、人生观、道德观和生活方式日益受到网络的影响，因此热衷于网上冲浪并沉迷其中。互联网的普及性质已经彻底改变了人们的信息流动方式，使得信息不仅可以被动接收，更可以实现双向交流。这激发了学生的学习动力，促进了教育效果的提高。网络扩展了思想政治教育的资源和视野，提供了更丰富的学习内容和体验。借助网络，高校思政教师能够及时感知学生潜伏的思想问题，及时开展相应工作进行引导和疏导，这将有益于提高教育工作的效率和时效性。

随着信息网络的普及和广泛运用，高校的思想政治教育工作在手段、方式、条件、效果和教育价值观等方面都发生了翻天覆地的改变和创新。为了更好地引导、培养和管理大学生，我们需要进行教育模式和管理方式的改革。我们应打造一个多元化的学习环境，并利用网络技术等先进工具的优势，全面了解大学生的思想动态，以科学有效的方法增强他们的政治敏感性和辨别能力。这些举措显得尤为必要，只有这样，才能拓展思想政治教育工作的影响范围并取得实际效果，也只有这样，才能有效地应对信息技术带来的严峻挑战，确保学生在思想政治教育方面的全面成长。

（三）网络信息的多样化使思政教育的原则受到极大冲击

早在20世纪60年代中期，马歇尔·麦克卢汉就曾预言："信息的即索即取能创造更深层次的'民主'，计算机网络将带来'民主的复兴'。"[①] 尽管此观点可能有些夸张，但是出于技术等多种原因，目前英文信息在互联网上占据了95%的比例。此外，由于西方的发达程度和网站数量的增多，因此其上网信息数量也更加庞大，因而吸引了更多的访客。网络文化在潜移默化中影响着"网民"的政治立场、道德观念、人生观和文化素养，这种影响是不自觉的。大学生正在成长的阶段，他们对世界充满了探索的好奇心和求知的热情。由于这个阶段的特点，他们更容易接收新鲜的观点和思想。然而，这些新观点和思想可能会误导他们，使他们迷失方向，最终导致忽视或遗忘了本国优秀的传统文化。这种通过网络扩张政治势力，比起通过武力方式，其效果更加强大、更加便捷、更加隐蔽。

网络的普及对教育环境的可控程度带来了巨大的变化。随着网络文化的进步，人们的认知环境已经变得非常开放。在信息技术不够发达的时代，大学生主要通过传统媒体如报纸、电视和广播等来获取信息。学校和高校思政教师可以对这些媒体传递的信息进行筛选和加工，以去除不准确和不适宜的内容。目前，国际互联网上流传着大量不良信息，这些信息利用了许多新颖的手段，富有感染力和吸引力。这些信息对于缺乏社会经验、辨别能力较差的大学生来说是十分有害的。同时，这也给高校思政教师在开展教育工作时带来了更大的挑战。

① 康洁.挑战与应对：网络时代的青少年思想政治工作[J].江西行政学院学报，2002（02）：38–40.

（四）网络交际使人际交往产生新的障碍

网络的使用者常常能够在一个虚拟的世界中自由自在地表达自己的观点，相互交流互动。网络中的互动不同于现实世界中的面对面交流，因此也被形容为“世外桃源”的环境。无论是分享自己的兴趣爱好，还是追求个人的兴趣爱好，网络都为人们提供了一个可以自由自在地做自己的场所。因而，过度依赖网络交往将必定给大学生的生活方式带来影响和变化，导致他们出现新的社交问题。如果继续这样下去，很可能会导致学生性格孤僻、与人交往不够密切、缺乏人际关系，从而产生新的心理问题。有些大学生沉迷于网络，常常与班级和集体疏远，导致心理状态很差，出现了疏离、乏力、空虚等亚健康表现。有些人迷恋于在网上交友或者玩网络游戏，导致对现实生活中的人和事的关注度降低。他们可能会和网友感到非常亲近，但与同学和老师之间的关系却疏远。有些人面对瞬息万变的现实社会感到手足无措，而有一些人却毫不关心国家大事，只关注花边新闻、小道消息等琐碎事情。如此一来，使得大学生难以专心学习，甚至出现心理健康问题。

（五）学分制、公寓化管理对高校思政教师的工作提出了更高要求

随着市场经济的日益发展，我国的教育制度也随之调整，高校教学管理制度也针对人才培养作出相应调整。一种学分制模式应运而生，它关注学生个性发展，兼顾学习内容选择性和学习进程弹性，以让每个学生获得最佳的学习效果。全面实行学分制，在一定程度上彰显了学生的学习主体地位。同时，在创造宽松学习环境的同时，一些学生可能会误解学分制即为完全自由，导致缺乏自主学习能力的学生表现出怠慢学习、任性放浪的现象。由于各大高校实行了公寓化管理，学生们的住宿条件得到了提升。然而，某些大学会对公寓进行私人化运营，这种做法可能会导致管理责任不清，一些学生可能会表现出抗拒情绪，拒绝遵守指示和接受管理。这些因素让高校思政教师的工作更具挑战性，也更需要他们付出更多的努力。

三、加强高校思政教师队伍专业化、职业化建设的需要

（一）顺应我国高等教育发展的趋势要求

随着我国越来越广泛地提倡科教兴国理念，高等教育已经成为我国支持科技

进步和经济开展的主要基石。中国的高等教育近年来蓬勃发展，出现了五个显著的趋势。

第一，发展方向大众化。由于我国经济的快速发展，民众对高等教育的需求日趋旺盛，经过连续多年的扩招，我国的高等教育已由“精英教育”走向“大众化教育”。

第二，办学方式多元化。一是办学体制多元化，二是投资渠道多元化。

第三，办学模式市场化。随着市场经济体制的发展，高校的价值评估愈加依赖于社会的认可。随着社会选拔要求的提高和市场的严格评估，大学毕业生以及高校的科研成果都需要面对更高的挑战。因此，大学正在逐渐向社会开放并最终融入国民经济的主流领域。现今越来越多的高校已经开始更加注重社会需求在专业设置、招生以及就业方面的应用。高校、科研院所和企业之间的隔阂正在逐步消解。

第四，办学途径国际化。随着科技的不断发展和经济全球化步伐的加快，特别是加入世贸组织后，我国高等教育得以更加广泛地参与到全球范围内的教育服务竞争之中。国内高校与国外高校、研究机构间的国际交流合作空前活跃。

第五，将教育教学过程数字化。高校较早地开始实现信息技术的应用与普及。高校教学和科研领域已经被现代信息技术所渗透，并且这种变革彻底颠覆了传统的教学方式。现如今，我们采用了多媒体教学、数字化校园和网上大学等技术，使得教育资源的利用效率大大提升，这些技术已经成为我们日常熟知的教育方式。同时，在我国，高等教育正朝着信息化方向全面发展。

（二）高校思政教师队伍的专业化、职业化建设还不能适应发展的要求

自从20世纪90年代末高校扩大招生以来，一方面，高校在校生人数迅速增长，学生数量大幅增加，新生质量逐渐下滑，大学教育资源短缺，贫困生数量不断增多；另一方面，取消年龄和婚姻等入学条件的限制，使得学校面对的学生群体变得更加多样化和复杂化。随着就业市场的市场化，学生越来越被视为高等教育的“顾客”，他们所作的选择和行为已经对原有大学教育和学生就业状况的看法和评价带来了显著的变化。近年来，学生对于平等意识、公民意识和法律意识的重视程度有所提升，他们更加注重维护自己的合法权益，并更加熟练运用法律手段保护自己的权利。因此，高等教育中的思想政治教育变得更加复杂。尽管高

等教育领域一直在着力构建专业化、职业化的思想政治教育师资队伍，然而，该领域仍然存在一些问题，包括职责分工不明、师资素质有待提高、队伍结构不合理、管理不科学、人才流失严重、队伍不稳定以及对外交流合作不顺畅等诸多弊端，这些问题严重制约了高等教育领域的发展，迫切需要加以解决。因此，高校需要进一步提升高校思政教师队伍的专业水平和职业素养建设。

（三）高校思政教师队伍建设专业化、职业化的内容及要求

在高校中，思想政治教育是一项旨在培养学生的工作，具有独特的规律和特点，并需要有极强的专业知识。高校思政教师承担着思政教育工作的主要责任，为适应当前大学生的特点和形势发展，必须加强队伍建设，实现专业化。这是适应思政教育新形势所必需的一项客观需求。

专业化是指专门人员经过系统的专业培训，致力于在某一特定领域从事工作，并不断深化学习和提高自身技能的过程。高校思政教师队伍建设需要进一步专业化，这意味着高校思政教师不仅需要成为传统意义上的专业人才，致力于学生的思政教育工作，还应该拓展他们的视野，进军更广泛的领域，包括职业规划、心理咨询、就业指导等方面，以成为专业的专家学者。这意味着高校的思政教师既需要教授课程，又需要从事科学研究。对于有条件的高校来说，应为思想政治教师提供教学培训，以使他们能够承担一些思政教育理论课、形势政策课以及人文类公选课的教学工作，还应该鼓励高校思政教师将自己的实践经验与思政教育或党建课题的研究紧密结合起来，并主动承担一些科研任务。高校思政教师通过实践教学和科研，不断丰富自身知识，提高自身能力，逐步成为具备专业知识和技能、能够胜任思政教育工作的专业专家。

高校思政教师的职业化建设不仅需要考虑他们的职业发展方向，还需要关注如何提高他们在岗位上的吸引力，增强工作的成就感和事业感，以及构建他们职业生涯的人生价值。此外，我们还需要逐步打破高校思政教师普遍认为“只有转行才有前途”的错误观念，并逐步改进思政教师的“工作技能提升”“工作机会拓展”和“工作贡献评价”激励机制，建立一系列长效的思政教师培养机制，以考核、奖惩和晋升等措施为主，从而强化高校思政教育工作的职业化。

职业化的概念意味着确立高校思政教师的职业标准，对于招募新人，需要极其慎重，只接纳高素质的人才加入高校思政教师队伍。创建高校思政教师专业培

训体系，以岗前培训、深入调研学习、提高学历等方式，针对高校思政教师不断加强培育，提高其在实践工作中的能力水平。我们应该创建一套职业考核机制，专门对高校的思想政治教师进行评估，并根据大学生的需求和特点进行定期考核和淘汰，以推动高等教育的发展。制定一个晋升机制，以奖励在思政教育中表现出色的高校教师，并向学校管理部门提名这些人才，以便将其作为党政后备干部的培养对象。在选拔高校干部时，应优先考虑这些人才，以吸引更多优秀人才加入思政教育的队伍。

第三节　高校思政教师素质能力需求

一、高校思政教师的角色需求

（一）既是学者也是求知者

高校的思政教师首先自己必须是一位学者。目前，国家对高校思政教育高度重视，并且会定期地对思政教师进行培训，建议学校采用统一的标准教材。因此，思政教师的要求越来越高，除了需要具备必要的专业素养，还需要具备相关的历史、经济、军事等多方面的知识，这就要求思政教师要认真学习和研究教材，深入掌握其中的内容，并随时更新自己的知识，了解与教材相关的最新领域和知识。此外，思政教师还需不断学习并加强自身修养，以此不断提升其教育水平。在当前信息技术不断迭代更新的时代，作为一名思想道德教育工作者，我们必须跟随时代脚步，不断提升自身素养和知识储备，以满足学生不断发展的需求。因为有一种可能，那就是一位知识广博、热爱学习的思政教师可以激发被动学习的学生的学习热情，促使他们变得主动积极地学习，进而让高校思政教育的时效性得到提高。

（二）学生思想道德的导师

对于思政教师来说，育人不仅是重要的职责，而且还是历史赋予的使命。思政教师是教学的主体，但从学生学习的角度上看思政教师处于客体的位置。在学校，思政教师就相当于是学生的父母，他们的言行直接影响到学生的一生。要想让学生真心接受老师的教诲，这就需要思政教师以自己的行为作出榜样，树立典范。在进行教学的时候，假如思政教师对学生认真负责，工作严谨仔细，在处理事情的时候能够做到公平公正，在生活上自觉遵守社会公德，拥有良好的道德品格，那么对学生的影响作用是具有正能量，反之，其影响是大打折扣的。所以思政教师在生活与教学中，一定要做到言语与行为的统一，树立良好的自身形象，成为能够让大学生学习的道德典范。

（三）学生心灵的灌溉者

虽然大多数的大学生已经成年了，但其心理状态依旧不是十分稳定，有很大的可能会出现心理问题。目前的大学生正处于生理和心理发育转型期，他们的情感丰富多样，但常常波动不定；自我意识还未成熟，同时表现出既独立又封闭的特性；既依赖他人又容易表现出自私的倾向；追求物质和享乐主义，过度关注个人利益等等，都是他们面临的矛盾和挑战。除此之外，学习压力和就业压力等因素也会对学生的心理健康带来负面影响。在这种情况下，需要思政教师作为学生心理健康的培育者，帮助他们解决内心问题，并正确引导他们，提升他们的综合素质，增强其自主解决问题的能力，以适应社会的发展和要求。

二、高校思政教师的素质需求

（一）多元的知识结构

高校学生思想活跃，有丰富的情感，学习能力强，有较强的自我意识。思政教师在高校学生中建立影响力，首先要有敏捷的思维能力和多元的知识结构。

高校思政教师要不断深入学习马克思主义基本原理，不断提高自身的理论知识储备。要始终站在辩证唯物主义的立场，坚持用辩证唯物主义的观点看待疑难问题，使用辩证唯物主义的方法解决疑难问题，在实际工作中合理应用逻辑学和心理学的知识，保质保量地完成思政教育工作。

高校思政教师还要注重学习科学文化知识。现代科学技术快速发展，促进了科学文化知识更新和传播的速度。现代大学生有大量的知识储备和获取知识的手段，思政教师面对的疑难问题也更加复杂。因此，高校思政教师应注重学习科学文化知识，既要具备深厚的专业知识，又要广泛学习各个学科的知识。在掌握思政教育专业知识的同时要扩大自己的知识面，不断完善自身的知识结构，以适应现代思政教育的新要求。

网络技术的发展为高校的思想教育工作带来了挑战，为应对新的科学技术带来的挑战，高校思政教师应积极学习新的科学技术，更新自身知识结构，使用现代化技术辅助教学。计算机网络技术和多媒体技术具有高效便捷、直观性强的优点，能在很大程度上提升教学效果。因此，在当今形势下，高校思政教师要积极学习现代化教学手段。总之，高校思政教师要不断学习，提高自身的教育能力和管理能力。此外，高校思政教育要紧跟时代发展，思政教师已经具备的知识可能不能满足时代发展要求。如互联网技术的快速发展使得网络与学生的学习和生活密不可分，高校思政教师要完善知识结构，积极学习并利用网络技术，抢占网络思政教育的制高点。

（二）高尚的道德品质素质

高校思政教师要培养学生优良品格，塑造学生的灵魂。这是由思政教师教育性的特点决定的。思政教师不仅需要向学生传授思政教育的有关知识，还要向学生传授做人的道理，这就要求高校思政教师首先要具备良好的思想道德风范。思政教师的思想道德风范对学生有重要影响，这种影响是教材、道德格言、奖励和惩罚都不具备的。思政教师良好的思想道德风范能够成为学生学习的榜样，潜移默化地影响学生的学习和发展，同时也能够提高思政教师在学生中的影响力和公信力，使思政教师更易于展开学生工作，提升思想教育的质量和效率。

1. 崇高的思想品德

高校思政教师需深刻认识到国家和民族的利益至为重要，并认识到它们优先于个人或集体利益，因此需要协调和平衡各方利益，包括个人、集体、民族和国家，这需要教师拥有高度的职业意识和使命感。通过运用辩证唯物主义和历史唯物主义的核心原理，我们可以有助于更深刻地理解事物的发展和问题的解决，能够积极地表达对唯心主义思想和行为的看法并采取行动予以抵制。只有具备这样的道德和思维素养，我们才能更好地开展思政教育工作。

2. 爱生敬业精神

爱岗敬业的情感表现在无私奉献、为人献身、勇于付出、乐于助人，职业生涯里呈现的则是尽职尽责、踏实努力、勤勉耐劳、敢于面对挑战，此外还包括精益求精、努力学习、积极创新、勇于探索的专业能力表现。高校思政教师的中心和动力在于崇尚高尚的教育精神，并将敬业和热爱学生视为完成良好思想政治教育工作的关键。因此，高校思政教师应该坚定地认同“学生至上”的理念，用心地关注和关爱每一位学生，成为学生们真正的朋友和心理导师。他们应该注重关心学生的心态、成绩和生活，深入了解他们的个人特质和喜好，还应该关注每个学生的潜力，推动优秀生、指导中等生、帮助后进生，也要善于创造机会让学生展示个性特长，这有助于增强他们的自信心和成功感。高校思政教师应该在工作实践中增强自己的使命感、责任感和荣誉感，把培养社会主义事业接班人视为自己义不容辞的职责。

但要注意的是，在社会主义市场经济条件下，物质财富极大提高，人们的价值取向逐渐呈现出多元化的特点，人们的价值追求出现一些疑难问题，由追求长远的目标转变为追求眼前目标，由追求精神富足转为追求物质财富，由追求集体利益转为追求个人享受。受到这些价值观念转变的影响，一些高校思政教师对思政教育工作的认识发生了动摇，出现了工作不积极、不认真、工作主动性不足等问题。

因此，要增强高校思政教师的素质和能力，引导他们形成对高校思政教育的作用的正确认识，提高他们的责任意识和敬业意识，提高他们对所从事的职业的认同感。

3. 完美的人格形象

高校思政教师需要展现出高尚的道德风范，以此对大学生产生积极的影响。“其身不正，虽令不从。”[①] 教师的品德形象是对学生有着潜在而无声的教育影响，只要教师本身身正言行端，学生自然会向其看齐，而无需教师强制推行。反之，若教师品德不端，即便强迫学生也难以取得好的效果。这体现了高校思政教师的威望和人格力量对于教育的影响。在我国历史上，教师一直被视为道德高尚的典范和完美人格的代表。在我国传统文化中，教师的标准模范应该是学识渊博、德才兼备。因此，高校思政教师应该不断提升自身的人格魅力，秉持高尚的道德理念，严格遵循职业道德规范，言行举止都能体现遵纪守法、践行师道的标准，从而成为青年大学生的榜样和楷模。

① 乙力．中国古代名言警句 [M]．西安：三秦出版社，2012.

（三）良好的心理素质

高校思政教师要切实贯彻学校的教学计划，加强对学生思想上的教育和引导。这些工作的完成，都需要良好的心理素质作为支撑。

良好的心理素质能够帮助高校思政教师更好地完成学生工作。思政教师的工作比较繁复，处理好这些工作要求思政教师要具备以下几项心理素质。

（1）思政教师要对教育工作充满热情，要有完成工作的耐心。

（2）思政教师要有宽和的心态，面对突然出现的情况要不急不躁，面对工作上的误解要不愠不怒。学生不配合自己的工作时要平和处理，积极与学生沟通，不可粗暴对待。

（3）思政教师要富有爱心，要关心学生在思想或情感上的疑难问题，引导高校大学生走出困境。

（4）思政教师要有进取心和坚定的毅力，要能够应对工作中出现的疑难问题和挑战。

（四）优秀的政治理论素质

在高校思政教学岗位上，政治理论素质是必不可少的核心素质。政治理论素质不仅是高校思政教师的核心精神，也是其制胜的重要手段和动力源泉。高校思政教育是一项涉及多个领域的综合实践活动，它有自己的规律和理论体系，与其他理论相互联系。所以，要想胜任这份工作，高校的思政老师就必须要具备相应的政治理论能力。

1. 鲜明的政治立场

高校思政教师要有明确的政治信仰、坚定的政治方向和扎实的政治理论功底，坚持四项基本原则，持续推行改革开放政策，自觉拥护党的领导。思政教师应该一直坚定地遵循社会主义政治方向，并且始终站在人民群众的立场上，始终坚持与党中央保持政治上的一致，成为坚定的社会主义倡导者和引领者。

2. 坚定的理想信念

所谓理想信念，是指人们所向往和向往的目标，体现了个人的政治立场、世界观，也是心灵的支持和力量之源。当人们怀抱着高尚的信仰和理想时，他们内在的激情和动力会被激发，精神力量也会被提升，这进而激发他们的斗志，帮助他们建立正义和善良的品格。实现共产主义是我们党的最终目标，而且它也是人类社会历史发展必然趋势。高校思政教师只有将他们的工作与历史发展的趋势融为一体，让学生真正地“诚学之，笃信之，躬行之”，才能收到良好的思政教育效果。

3. 牢固的法治观念

高校思政教师必须具有牢固的法治意识、坚定的法治观念、明了的法治行为。这是时代的需要，也是高校思政教师的职责要求。中国传统文化强调以人为本而非依据法律进行治理，因此人们对法律的重视程度相较其他国家较低。这种以人为中心的治理理念深植于中国几千年的历史中，即便到了今天，这种思想仍然广泛存在并且得到了很多人的认可。然而，中国社会不可避免地朝着推行法治的方向推进。因此，中国共产党将依法治国和建设社会主义法治国家作为领导人民治理国家的基本目标之一。社会主义法治教育已成为高校思政教师工作的一个重要组成部分。高校思政教师在进行法治教育时，应当以守法、知法、学法为前提，借助法律视角和法律立场，对问题进行深入分析和解决。只有通过这种方式，才能让学生意识到法治的重要性，接受并受益于法治教育。

三、高校思政教师的能力需求

（一）组织协调的能力

新时期，为了更好地落实立德树人的教育理念，很多高校采取思政教师兼任大学生辅导员的策略，使得思政教师的教学任务更加艰巨。

一般情况下，若是兼任辅导员，思政教师要管理的学生有一百多人，如此庞大的群体要求思政教师要具有组织管理能力和协调沟通能力。此外，在工作中使用科学的管理方法能够培养学生的独立意识、现代生活观念和人文精神。

随着时代的发展，当代大学生有着强烈的民主意识和自主观念，这就要求思政教师要使用科学的管理方法对其进行管理。如建立公平合理的规章制度对学生进行管理。建立科学合理的规章制度并切实地执行，从而能够展现思政教师的管理能力和管理素质。同时，思政教师还要提高自己的沟通能力，积极有效的沟通能够促进学生工作的展开。

兼任高校辅导员工作的思政教师的组织协调能力包括班级结构设计、班级人员配备、指导班级实现学习目标。班级结构设计要以班级整体目标和班级的主要任务为基础。班级人员配备要能够促进班级目标的实现。此外，指导班级实现学习目标包括重视学习计划的作用、指导班级制订科学的学习计划、监督班级执行学习计划。而计划是实现决策目标的方法、途径和时间表。班级学习计划包括班级活动的目的、时间、地点、人员安排和具体内容。班级学习计划对于班级和辅导员都十分重要，它能够帮助思政教师根据环境的变化为班级的发展制定对策。思政教师除需帮助学生制订学习计划外还要制定相应的标准，监督计划的实施。

（二）语言表达的能力

在高校思政教学中，思政教师必须和学生进行语言上的沟通和交流，所以教师自身必须具备较好的语言表达能力，要积极学习表达技巧，使自己的语言表达生动、准确、严密。

高校思政教师要掌握交流沟通和论辩的技巧，能够准确完整地表达自己的观点，要善于做演讲和宣讲。此外，高校思政教师要能够使用语言将自己的工作思路条理清晰地表达出来，以便向学校领导汇报工作。高校思政教师要在交流过程中抓住学生的心理特点，有针对性地对学生进行说服教育，提高教育效果。语言表达既是一门科学也是一门艺术。善于运用语言表达的人能够清晰地表达自己的观点，同时能够运用感情打动受话者。

思政教育主要通过语言完成思政教师和学生之间的交流。因此，语言表达对于高校思政教师工作的开展有重要影响。

高校思政教师的语言表达要适应学生的层次性的特点。高校学生有层次性的特点，体现于这些学生来自不同的年龄层、有各自不同的经历、具有互不相同的性格和素质等。这就要求高校思政教师要在与不同的学生沟通时采取不同的语言表达技巧。

对于勤奋好学的学生要使用委婉的侧面提醒的方法，使这类型的学生能够及时发现自己在学习中存在的疑难问题和不足之处；对于平时不遵守学校的规章制度和高校思政课堂纪律的学生要使用严肃批评的方法，直接对其不良习惯给出严厉的警告；对于自尊心较强的学生要使用柔和委婉的语言向其讲授道理；对于性格活泼的学生要使用活泼生动的语言对其进行教育；对于学生干部要采取直接沟通的方式，直接指出学生工作中存在的问题；对于学习成绩处于班级中层的学生要使用激励性的语言鼓励他们努力学习；对于学习成绩不佳的学生要使用开导性的语言，劝其努力学习。总之，高校思政教师要根据学生的不同层次使用不同的语言表达技巧，针对学生的具体疑难问题给出建议。

首先，高校思政教师的语言表达要满足学生获得关爱的需要。高校思政教师要保证能够为学生提出正确的建议，在向学生提出建议的同时还要得到学生的尊重和爱戴。高校思政教师要在语言表达中流露出对学生的关心和爱。高校思政教师如果不是发自内心的喜爱学生，那么他的语言表达将是苍白无力的。高校思政要通过耐心的教诲实现对学生的严格管理。

其次，高校思政教师的语言表达要满足学生获得尊重的需要。高校学生有较强的独立意识和强烈的自尊心，针对这一特点，高校思政教师应在学生工作中使用恰当的语言激发学生的自尊心，使其发奋学习，以实现在平和的语境中获得最佳的表达效果。

最后，高校思政教师大可不必过于严肃，在和学生沟通时，或在向学生传授某些知识和道理时，不妨使用幽默的语言。这一方面能够吸引学生的注意力，提高学生接受学习内容的效率，另一方面也有助于构建良好的师生关系。

（三）服务学生的能力

高校思政教师既是教育者又是管理者，同时也是服务者，在全面推进素质教育的工作中具有重要力量。高校思政教师应具备服务学生的能力以扮演好服务者的角色。

在当今社会主义市场经济大发展的条件下，由现实问题带来的思想问题越来越多。一般来讲，大学生们绝大部分的思想问题是由现实问题引起的，思政教师要想办法积极解决大学生们存在的现实问题。对于不能及时解决的现实问题，思政教师要对学生进行心理疏导，减轻学生的心理压力。

（四）科学研究的能力

高校思政教师要培养的科研能力包括教育学和管理学领域的研究能力和马克思主义基本原理领域的研究能力。

在具体的工作实践中，高校思政教师目睹了大量的现象和疑难问题，对这些现象和疑难问题，高校思政教师有自己的思考。但这种思考不应是建立在经验的基础上的，而是要归纳总结经验，从理论高度对其进行思考。在教学的过程中，高校思政教师要采用科学的教育理论分析学生教育和管理中出现的疑难问题，结合以往经验，形成理论，以便为之后的工作提供指导。

因此，高校思政教师要将传统的基于经验的工作模式转变学术型和研究型的工作模式。这要求高校思政教师要具备专业理论能力和科研能力，能够将工作经验和科学研究结合起来。

（五）自我控制的能力

高校思政教师要掌握一定的心理学知识和心理发展规律，并对自己的心理特征有一定的了解，以帮助自己形成对思政教师角色的具体认识。在工作过程中，思政教师要面对来自各个方面各种各样的问题，心理状态和情绪难免出现波动。这时思政教师就需要使用心理学知识调整心态，平稳情绪，以保证顺利完成工作。此外，高校思政教师需要在工作过程中保持良好的情绪，这样能够提高工作效率，也能使自己更受学生的欢迎。

现代社会不断发展，社会中出现了很多不确定因素。高校思政教师主要负责学生的思政教育，与学生的接触比较频繁，因此会遇到很多不确定因素。为有效应对这些不确定因素，高校思政教师应在实践中不断锻炼自己，分析影响学生行为和思想的各种因素，以便在面对复杂疑难问题时能够快速判断成因，及时找出应对策略。

（六）理论与实践相结合的能力

高校思政教师必须具有理论联系实际的能力。只有将马克思主义的理论与当今社会新形势、新问题紧密结合，并以国内外的政治经济形势、改革开放和建立社会主义市场经济的实际情况为背景，重视学生的思想实践，高校思政教师才能更加精准、有效地开展思政教育工作，同时也更加能够吸引学生成为思政课程的积极参与者。在新时代，大学生的思想非常复杂和多变，因此我们需要有一个有针对性的思政教育活动。为了做到这一点，我们需要善于应用马克思主义的观点和方法，从实际出发，从生活中出发，细致入微地观察总结，把实践上升为理论，指导新工作。

（七）创新能力

现今，无论是强大国家还是正在发展中的国家，都将人的创造力和实践能力视为重中之重，这是适应时代发展和应对国际竞争所必需的。最终，国家之间的竞争在本质上是对于人才创新能力的竞争。创新是一个国家进步的基石，能不断注入力量促进国家繁荣发展。教育的主要目的是培养具备创造性思维和开拓创新能力的人才，而教师则是最为关键的推动者和实践者。教育的终极目标不在于简单地将已经存在的知识传授出去，而是培育和激发创造性思维，推动新事物的发展。这意味着高校思政教师需要具备创新的思维、勇于尝试新方式的心态，并能够将理论知识与实际情况相结合。为此，新时期高校思政教师的思维方式需要进一步从封闭走向开放，从静态走向动态，从经验走向创新，从形而上学走向辩证思维，注重思维方式的广阔性和前瞻性。只有这样，才能做好思政教育工作，开创高校思政教育工作的新局面。

（八）运用网络技术的能力

以信息网络技术为基础的网络传媒已经成为一个独特的领域，这得益于网络技术的飞速发展。网络传媒所传达的信息包含积极和消极方面的内容，这为高校思想政治教育工作带来了许多机遇，但也面临极大的挑战，使得新时代高校思政教育变得更加复杂。在数字化时代，高校思政教师需要具备精通网络技术的能力，只有掌握这些技能，才能扩大自己在网络思政教育领域的影响力。

四、高校思政教师职业素养的提升策略

随着我国高等教育事业的快速发展，高校新进思政教师增多，高校思政教师尤其是青年思政教师的职业素养提升问题愈显重要。我们相信，提高高校专业思政教师的职业素养已经成为限制高校发展和培养优质人才的关键因素。因此，需要在政府、学校和思想政治教育师资等各个方面进行综合改革，以深刻理解高校思政教师所面临的真实情况、职业所需以及需要改进的条件。所有部门和学校应该积极地创造一个支持教师、重视教育的环境，并且全面了解和满足新来的思政教师的各种需求。地方政府应该进行有针对性的研究和服务，深刻认识高校所面临的机遇和挑战，了解思政教师职业素养提升的潜力和难点，并加强对高校的支

持和服务。同时强调高等教育机构的特色办学，致力于培养具备复合型、应用型能力，适应社会需求的人才，重视高等教育机构的编制需求，保障其正常运转。同时，为了更好地引进和培养具备双重师范的思政教师，我们会协助高等教育机构做好相关工作。在参考相关文献的基础上，结合专家和思政教师的访谈经验，本书提出了以下策略，旨在提升高校专业思政教师的职业素养。

（一）落实内外联动，提高思政教师道德品质

现代社会，不论是高校思政教师，还是其他行业人员，都需要终身学习，加强知识积累和更新，这是时代赋予的机遇，也是高校教育所必须面对的挑战。

1. 坚持立德树人的教育理念

越来越多的人开始关注“立德树人”和“工匠精神”，这已成为当今社会的一个重要话题。高校的职责不仅在于培养高技能人才，更在于培养其成为“大国工匠”的人才，并为国家输送各领域的专业人才。这些人才未来也许会成为传师授业者。因此，专业思政教师需要具备崇高的职业道德，以积极的精神风范感召和激励学生。

首先，思政教师需要调整心态。改善过去在高校思政课堂上只注重学生的实务技能，而忽视道德修养的情况，以避免出现“技术精湛但道德缺失”的学生。长期以来，这样做将对学校人才培养工作不利，也不符合国家的教育方针。因此，在高等教育中，专业思想政治教育教师需要更新职业道德观念，并应给予相关工作更高的重视并加强其地位。

另外，鉴于学院的特殊情况和教学方式，有必要根据实际情况有针对性地提升思政教师的职业道德水平。思政教师必须将职业道德贯穿于其专业领域中，不能仅是表面功夫，必须通过实践证明或在特定的工作环境中得以彰显。以某铁路院校为例，其思政教育需要重点关注对铁路行业的深入理解，明确其在国家经济、军事、战略等方面的重要作用。在教学实践中，教师通过言传身教的方式，向学生灌输铁路行业所代表的家国情怀、对工作的热爱与忠诚、严格遵守规章制度、注重工作质量和客户服务、安全第一、团结协作、服务大局等道德观念，这样就能够自然而然地将“人民铁路为人民”的宗旨传达给每个人。

最终，思政教师的职业素养是一种持久的生命态度，应该时刻保持。高校专业思政教师需要把职业道德修养视作一项长期的任务，而不是因为职业特殊而采

取特殊行动。这种修养需要经过日积月累的常态化努力，不能一蹴而就。学校领导需要以身作则，重视职业道德教育，避免形式化的做法，不说空话，念假经。思政教师应当调整自己的心态和位置，将其视作日常工作的重要组成部分，并投入更大的精力去落实。确保思政教师职业道德的持续提升是一项重要而又复杂的任务，需要建立完善的宣传、活动、考核、监督和奖惩机制来实现。

2. 加强学校道德管理

高等院校及其领导团队需严格践行党中央对于强化新时代的思想政治教师队伍建设的战略计划。对于当前高校专业的思想政治教育师资在所面临的机遇和挑战进行深入研究，并从思想和行动上加以积极重视和贯彻。高校应当把重心放在深入研究习近平新时代中国特色社会主义思想上，制订出切实可行的教师发展计划，并建立实用的制度体系，以满足实际需求，实现长期可持续发展。高校应该尝试建立新的内部培养机制，鼓励不同院系间合作，并在政策和经费上提供支持，为思政教师提供提升学位、提高水平和晋升职位的机会。我们需要支持年轻的思政教师发展成才，并且协助中年及老年的思政教师提高自身素质，以便能够有效地通过“以老带新”、传授、帮助和带领的方式，帮助年轻的思政教师成长。此外，高校需要拓宽视野，吸收优秀的校外专业人才加入，通过引进人才来壮大和提升教师队伍的水平和声誉，实现内部培养和外部引进的良性循环。在未来的发展中，加强对高技能人才和高学历人才的招聘工作。在学校内设计一套合理科学的人才评估机制，以吸引那些具备能力、思维和动力的杰出人才加入。

首要的一步是积极招募杰出的人才。学校可以采取多种措施引进人才，比如加强思想政治课的师资队伍建设，针对某些紧缺专业的人才实行特殊政策，同时积极争取政府给予相应支持和帮助。

其次，应当优化思想政治教育师资队伍的结构，鼓励教师积极参与职称评定和提升学历水平，促进高校思政教师的素质和数量达到要求。学校可以制订发展计划，制定培育具有领袖潜质的优秀青年教师、提升专业思政教师的能力水平、指导初入行的新教师成长等措施，以助力青年思政教师快速成长，促进优秀骨干思政教师的职业发展。

再次，高校应对思政教师的评定和聘用制度进行改革，加强考核机制，以鼓励他们更加热情投入工作，激发教学动力，推动学校思政教师队伍的发展，并引导他们把立德树人作为自己的责任和使命。学校应当鼓励思政教师将自己的研究成果或信息与课堂教学相融合，使教学内容更加现代化和先进化。这种方法有助于不断更新教师的教育知识，用最新、最先进的内容取代过时的信息。此外，高校应该增强与外界的合作互动，鼓励思政教师积极参与各种国际交流活动和教育培训，旨在通过实践和学习不断提高自己的能力水平。

最后，高校应该鼓励思政教师以集体、团队的方式协作，以此增强教育教学的合作力量。一种方法是在小组、学院或学校内部建立一个高度协作的校内教学团队来规范和制定相关规定。另一种方法是思政教师在思政课程和专业建设中应以团队协作的形式发挥作用，以促进思政教育课程体系的进一步完善。

3. 强调尊师重教观念

当今社会高度重视思想政治教育，政府有责任投资和加强各种学校和机构的师资队伍，以培养更多高水平的思想政治教师为目标。长期以来，社会对思政教育有负面印象和误解。政府应该采取实际措施，深入社区和学校，与思政教师密切合作，了解真实情况，研究解决方案，寻找有效的实施路径，以便让更多的思政教师受益。

更具体而言，政府应该在一定程度上通过减免企业税收或将税收收入用于资助教育，来支持教育事业的发展。政府需要加强顶层设计，提高思想政治理论课教师队伍的吸引力，增加高校思想政治理论课教师数量，特别是年轻教师的薪资待遇，并确保教师们获得更强的职业荣誉感、满足感和成就感，从而吸引更多的优秀人才加入该领域。显然，创建一种良好的“尊重教师”氛围及增加思政教师待遇，是十分困难的任务，这是有关部门必须承担的责任。

（二）面向“双师”需求，全面强化职业技能

1. 促进思政教师进行角色与文化转型

随着思政教育改革的推进，思政教师正逐渐转变角色，不仅需要传授专业知识和技能，还需发挥“引导、启迪、解惑”的作用，激发学生的自主学习兴趣。此外，积极调动各种因素，推动学生参与思政教育，成为了思政教师新的重要任务。据本书所述，现今高等教育机构将重点转向培养具备技能和综合素质的人才，因此“双师型”思政教师的需求不断上升。现今的思政教师应该摆脱过去的惯性

思维，逐渐放下"铁饭碗"的观念，朝着全面或者双向发展的目标追求进步。持续增强教育教学的改革力度，采用"理论+实践+社会"教学模式，以达到自我完善的目的，确保学生在理论素养、教学技能以及创新创业能力方面全面发展。

2. 分类培养提高思政教师专业能力

为了更有针对性地提升高校专业思政教师的素养和教学能力，提高他们的核心竞争力，建议在以下几个方面加强相关培训和培养工作。

一是加强专业思政教师核心素养的培训。通过重新设计、整合相关培训课程，充分发挥专业思政教师的素养结构，优化原有的课程体系和教学模式，从而实现在职业道德、专业技术、创新能力和信息能力等方面的全面提升。学校打算组建教学改革研究小组，旨在通过多种方式，如观察高校思政课堂、开展问卷调查和访谈等，收集原始资料，并深入研究专业思政教师的发展需求和受制约因素。结合学校资源和教师水平的差异，设计针对不同层次、类型和专业深度的教育方案，并从根本上改造过于表面的课程。

二是更加强调教学规范与教学实践的要求。为了规范教学和办学，高校应建立明确规范的奖惩体系和支持措施。例如，为促进学校思想政治教育事业的发展，我们可以制订《学校思想政治教师发展五年规划》《思想政治教师教学规范与指南》《学校教学奖惩办法》等文件，并将其真正落实到学校管理中。在可行的前提下，我们需要全程监控这些方案的执行过程，并时刻进行修正和改进，以确保这些政策能够得到有效实施。

三是加强青年思想政治教育师资的培养。据本书观点，高校应该着眼于培养那些没有企业实践经验的中青年思政教师。在思政教师的职业生涯早期，他们需要跟随资深教师进行听课，并积极参加企业实践活动以提高自身素养。每隔三到五年，必须轮流安排专任思政教师参加为期半年到一年的实践工作训练，其中包括定岗定责的企业实践或者政府、行业挂职锻炼。在寒暑假期间，我们将组织专职和兼职的思政教师参加短期的强化实践培训项目。还需要起草一份《双师素质思想政治教师认定标准与管理办法》，以鼓励思政教师参与各类行业资格证书考试、企业横向课题和应用技术开发等研究项目，并且鼓励他们积极参与社会服务并接受必要的监管和规范。我们可以定期开展"思政教师职业技能比赛"，以公开的方式评估思政教师的实际工作能力，并给予优秀者奖励。

3.“工教结合”提高思政教师“双师”素养

高校还可以基于“工教结合”构建符合学院特色和思政教育发展规律的师资队伍培养模式。充分利用院内外多样化培养平台，将思政教师的企业实战能力培养与专业教学能力培养高度融合，整体提高师资队伍水平来满足优质思政教育的需要。通过“工教结合”的师资培养模式，高校可充分利用现有校内生产性实训基地的优势，积极拓展与政府、知名企业的合作，共建“双师”素质思政教师培养基地。所以，我们建议高校制定“校企共建师资培训基地管理办法”等制度，在企业设立“思政教师工作站”，制定“思政教师企业实践工作量”并纳入思政教师的年度考核范畴，进一步实践“工教结合”的师资队伍培养模式。

为了让校企合作更加顺畅高效，做到全面谋划和统筹布局，以确保工作达到预期成果，在推进校企合作方面，高校需要设立完善的协作机制。校企合作处是负责统筹规划和管理高校校企合作工作的机构。各部门也会派出一位副职以上级别的领导来负责推进和管理校企合作工作。校企合作处正在积极与各部门建立联系，加强沟通和协作，实施多项措施，包括派遣思政教师参加工作实践培训和与企业开展协作交流等。举例来说，在广东省铁道学会的支持下，某学院与“港铁公司”进行了长达数年的积极合作，为校企合作关系打下了坚实的基础。学院已经成功地举办了 21 期港铁公司在职职工培训班，并与该公司联合研究了多个科研课题，并继续推动订单式人才培养模式，与港铁轨道交通（深圳）有限公司（香港铁路有限公司全资子公司）合作。为了保持毕业生的就业率和就业质量稳步提升，学院最近一直致力于扩大铁路和轨道交通就业市场的覆盖范围，通过积极寻找和谈判的方式，与近 30 家地铁（轨道交通）公司建立了合作关系，并且实施了订单式人才培养计划，以促进就业机会的扩大。这种模式在提升学生发展的同时，也促进了思政教师在合作中专业能力的提高。

又比如说，一所大学的铁路电信系与当地电力公司达成了校企合作协议，他们在共同培养人才、资源共享和研发创新等方面，已经取得了很大的进展。该学院与地方电务段合作，在校内设立了劳模创新工作室和技能培训工作室，以促进校企合作。工作室的主要任务是运用校企合作模式开展技术开发，以“创新发展、人才培育”为核心，重点解决实际生产中遇到的难题，并通过劳模的先进示范，在推动行业发展上发挥引领作用。双方校企将持续合作，致力于为培养技能型人才提供良好的条件。

4. 激发高校与思政教师的工作创新活力

为了提高高校内思想政治教师的职业水平和素养，政府需要进行全方位、多角度的统筹管理。政府应该在推动高校发展中加强“放管服”等措施，并积极引导思想政治教师提高职业素养水平。主管机构可借鉴有关高校优秀的教师培训模式，针对不同院校的实际情况制定有针对性的政策，以支持其引进人才。建议加强对“双师型”思想政治教师队伍建设的支持，包括扩大培训规模和增加财政预算，鼓励并推动思政教师前往实地接受培训以提高教学水平。政府尤其是地方政府需要在国家教育方针和教育战略的基础上，切实贯彻高校的办学自主权，出台相关措施鼓励并深化高校开展综合改革，加强思想政治教师职业素养，全面提升思想政治教育水平。多方筹措资金并提供宽松办学环境，激发高校办学活力和思想政治教师的教育动力。

（三）走出传统观念，全面提升创新素养

社会急速发展，故步自封与因循守旧的教学、科研工作已经难以跟上时代要求，高校专业思政教师是学生的楷模也是时代发展的主力军，提高自身的创新素养以更好地适应、改造社会是其今后的重点工作之一。

1. 落实“三进三出”策略，提高思政教师理论修养

所谓“三进”，是指思政教师必须融入项目、团队和企业中，通过深入研究和实践来提升自己的理论素养。“三出”是指思政教师积极表达自己的思想、展示自己的研究成果、制订可行的发展计划。高等教育中的思想政治课教师，需要承担着关于培养品德、塑造人格的重要使命，这一任务非常艰巨，需要他们倍加努力地教育学生，并在自己的学术领域和专长领域中，取得一定的科研或教学成就。当然，这需要在长期、系统的规划下进行。

目前，高等教育机构正在经历重大变革，教育理念也正在深刻变化。除了传授思想政治教育常规的教学能力，高校的专业思政教师也应该具备科研能力和组织能力等其他方面的能力。除了理论知识外，实践技能和实际经验也是必备的。在许多学校中，建设具备双重师资特质的思政教师被认为是实现高等教育人才培养目标和形成办学特色的至关重要的一个方面。因此，高校理论课教师必须紧急

加强“双师”素养的提升。首先，采用引聘和结合的方式，吸引高素质、高技能的人才加入高校教师团队，从而提升师资队伍的组成和水平。其次，积极推动学术、产业和研究机构之间的合作和协同，同时还鼓励专业思政教师到企业里进行兼职或挂职，并积极参与企业的项目和研究开发活动。再次，通过“名师”的引领作用，充分发挥他们在示范效应和影响力方面的作用，增强团队的凝聚力，从而培养出具有技术实力和高素质的“专业领袖”和“青年骨干”。最后，根据青年思政教师的兴趣和专业背景，在指导下，促进他们进入企业或公司，激励他们参与实践，尽快成为真正的“双师型”的思政教师。

2. 建立竞争机制，唤起思政教师的创造性

作者研究了相关文献以及国外优秀高校的案例，发现这些高校非常注重市场需求，积极引进优秀的思政教师和技能人才从事教学工作。作者认为，高校思政教师基本素养的提高，要先招募并引进优秀人才，然后建立培训和磨炼机制。

高校师资队伍的一项重要组成部分是兼职思政教师，他们的作用不可低估。高校可以考虑雇佣兼职的思政教师以弥补师资力量的不足。这个做法还会产生竞争激励效应，推动专业思政教师快速提升自身水平。高校要对兼职思政教师职业教育理念、职业道德和教学技能进行培训。同时，若兼职思政教师已获得合格证书，学校会发放兼职思政教师资格证以予确认。促进兼职思政教师和校内思政教师间的合作，建立一个共享平台，促进教学设计、高校思政课堂教学、实践教学等相关领域的信息交流，共同提高教学质量。高校应该利用有经验的兼职思政教师在实践中所获得的经验，选拔他们参与实践技能课程的教学，并制定长期可靠的机制，发放补贴给兼职思政教师，维持其队伍的稳定性。高校应该确保思政教师都有平等的机会和资源来发展自己的职业生涯，且要尊重他们的个人意愿和规划。为此，高校可以为思政教师提供更多的教育培训和进修机会，这可以通过选拔、派遣、推荐等方式来实现。这些措施不仅能够减轻当前高校教师人才短缺的问题，还能够鼓舞本校思政教师的积极性。

3. 政府适当干预，激活思政教师创新动力

政府应该加强管理，促进思政教育资源的整合。相关政府部门要出台系列的、周密的规章制度，放权给学校、企业，让其不仅有享用职业技术人才的权利，同时还要肩负培养、培训教育技术人才的义务。让那些有资格参与校企合作培养教

育技术人才的企业充分发挥自身的资源优势和平台优势，加大人才培养力度以及大力吸收高校思政教师跟岗学习或挂职锻炼。当前社会，在一些企事业单位、政府部门相关优质资源极为充分，政府应该有所作为，加强对优质资源的管理与整合，让优质教育资源为高校思政教师所利用，最大程度发挥优质资源的应有之义。

（四）响应时代号召，提高思政教师信息素养

相关调查和访谈显示，高校专业思政教师的信息素养水平需要提高，这一点十分重要，不能被轻视。思政教师应该运用互联网等工具来搜集和整合教学资源，利用现代信息技术改进并实践课程教学，同时钻研如何利用新技术进行教育教学探索与研究。因此，提升信息素养至关重要。这样才能够获取新的信息，整合教育资源，充分利用网络工具，改善教学设计，推进高校思政课堂教学改革，创新教育评价，并加强终身学习的实践。这些工作的推进需要充分利用信息素养的优势。

1.充分利用互联网，提高信息的搜索与加工能力

一方面，当今信息社会的飞速发展与以往任何时候都不一样，提高教师信息技术应用能力已成为重要课题。以往的学校教育，思政教师获取教学信息基本都是通过教学参考书、报纸、杂志以及个人经历等常规途径。目前，高校的思政教师不仅可以通过传统途径了解相关知识，还可以通过互联网获取大量相关信息和知识。随着网络信息的爆炸性增长和种类的快速变化，高校思政教师必须具备互联网信息搜索和过滤技能，以应对信息质量良莠不齐的现况。在当今信息爆炸的时代，思政教师需要具备一定的信息检索技能，以便更有效地查找所需信息。思政教师需要掌握搜索引擎、学术资源库等网络工具的使用方法，有针对性地搜索与教育相关的资源，并进行下载或转载。其次，教师要具有快速浏览信息的能力与鉴别力，以便在海量的教育信息中获取最有价值的、与自身教学最贴切的教育资源。为了确保正确引导学生思想，思政教师需要坚持原则、明确目标，从中筛选出正确信息并进行适当的学习和培训。

此外，为了提高整合教育资源的效率，思政教师需要积极主动地获取相关信息。高校专业思政教师需要在传授知识和信息的基础上，还要通过实践引导大学生，使他们更好地理解和应用所学知识。虽然思政教师可以在互联网上获取到各种教学资源，但这些资源并不一定完全符合学校或教学课程的建设目标。要充分

发挥这些资源的作用，必须进行资源整合，其中包括对教育资源进行筛选、重组和利用。思政教师需要根据培养目标或课程计划，对教育资源进行评估和筛选，筛选出与教育教学相关度高、价值真实的资源，优先选择最有意义、正确性和合理性最高的资源。同时，排除那些与教学无关或不适用的教育资源。然后，我们会对经过筛选的教育教学资源进行编辑、加工和整合，逐步创造、设计并形成具有一致内容、一致逻辑和形式风格独特的个性化教育新资源，并将这些资源有机地融入我们现有的知识框架或重新构建新的知识框架。最后，就是加强对资源的应用能力，即思政教师依据相关的目标或要求进行教学设计，合理分配教育资源，帮助学生进行资源整合，提高学习效果。

2. 引导思政教师利用网络工具，提升思政教育效果

首先，需要增强学校教育的数字化设施。这需要思政教师具备出色的信息搜索和管理能力，同时也要具备运用网络和相关工具进行教学的技能。在当今社会的竞争中，教师不仅需要具备高智商和情商，还需要熟练掌握使用工具的技能，并且向那些已经成功的人学习并践行他们的经验方法。一些搜索引擎和专业网站是教师获取教育信息和教学资源的基本工具，使用它们可以有效地提升信息获取效率。

其次，鼓励思政教师运用互联网资源，进一步完善教学方案。像制作一道美食一样，优秀的培养方案只是菜单，而优质的资源则是各种食材，但是加工制作的过程、面向的受众以及加工的精度同样至关重要，不容忽视。思政教师需要根据高校学生的专业特点和现代信息技术，制订相应的教学计划。由于当前的信息技术环境不断发展，传统的高校思政课堂教学模式已经开始受到冲击。因此，思政教师必须具备重新修订教学目标、教学内容和教学方法并随时进行诊断和评价的能力，以适应网络环境和智慧高校思政课堂的要求。未来需要注重培养和训练相关能力，使思政教师能够运用现代信息技术进行教学设计。另外，现代信息技术被广泛地应用于高校教育教学中，这对于知识信息的传递方式和高校师生关系产生了影响。引入信息技术或媒体作为中介，促使思政教师在教学设计方面更加用心，否则学生可能会对思政教师的教学缺乏兴趣或反感。这是因为教师当前的知识储备已经不足以满足学生紧迫的学习需求，也无法唤起学生的学习热情。事实上，思政教师可以勇于迎接网络技术的挑战。学习和应用网络技术使专业思政

教师在我国高校中受益良多。通过这样的方式，可以更加精准地设定学习目标，使学习内容具有明显的问题解决方向，从而增加学习的趣味性并使评价过程更加有条理。这种方法已经成功地推动了高校思政教师在教学观念和教学模式等方面的转变。但要设计出这样的高校思政课堂教学，是一项非常具有挑战性的任务。

最后，要引入现代信息技术，对高校的思想政治课程进行教学模式方面的改良。许多学校注重培养具备专业技能的人才，因为单纯的理论教学已经不能满足职业发展的要求，而只有实地学习或实践也不一定切实可行。因此，学校和高等教育机构的思政教师可以运用信息技术，例如虚拟现实，以更多元化的形式呈现教学内容，使学生在各种视听形式中更加积极地参与探讨。这将使思政教师的教学摆脱传统的教材和黑板的限制。

3. 加强信息技术培训，培养终身学习意识

随着科技和信息技术的飞速发展，以及“互联网+”、人工智能、虚拟现实技术等的不断更新，思政教师需要不断学习、掌握学习方法，并且坚持终身学习。思政教师需要时刻保持一种持续学习的精神状态，积极利用各种机遇和媒介去深入研究学术知识。其次，高校的专业思政教师应该熟练掌握现有的网络资源，学会使用网络工具搜索和处理信息。他们需要在适当的时间调整学习策略和计划，改进和扩充自己的知识结构和知识库，并充分利用网络资源。通过参加学院的“思政教师信息化教学设计大赛”等活动，思政老师有机会提高自己的学习水平，并展示其所具备的能力。

（五）提升高校思政教师素质的结论与展望

高校专业思政教师的基本素养水平直接关系到高校的发展以及学生的培养质量，对于中国的工业化水平和国际竞争力也将产生深远的影响。目前，全球科技不断进步，各学科之间的交叉融合愈发明显。即便是中小学思政教师和高校思政教师，也应抱持着持续进修、日益进展的态度，对新兴技术、新方法、新工具不断探索，以提升教育教学水平。不过，在高校开展思想政治教育的同时，教师的基本素养提升仍面临许多难题，需要进一步克服。

首先是在过去的很长一段时间里，政府特别是地方政府一直更加重视基础教育和普通高等教育，而相对忽视职业教育。这就导致了高等教育的发展缓慢以及高校思政教师专业素养培训的推进过程缺乏效率。这种情况有些妨碍了思政教师

素养提高的进程。因为不同高校在校园等级、师资力量和行政管理方式等方面存在独特差异性，所以高校专业思政教育师资的培养和培训方案在实际执行过程中会各具特点。尽管高校强调对思政教师进行培训和训练，但在研究和认知思政教育领域方面仍存在不足。这些思政教师培养活动通常缺乏有效的规划和系统性，只是形式化地进行，具有较大的随意性。因此，很难提高高校思政教师的整体素质。

其次，高校专业思政教师对参加职业素养培训的意愿有差异。思政教师中很多人工作压力较大，缺乏充裕的空闲时间，少有积极主动参加培训和实践的精神。由于功利主义思想的渗透，一些思政教师可能会参加政府或学校组织的培训或实践活动。不过，他们往往只是出于获取证书或学分，或满足评职称、申报课题等方面的需要而参加活动，而非真正有意愿参与。大多数思政教师缺乏自我驱动力，并不会在没有职称或经济利益的情况下自愿参加培训和提升自己的技能和实践能力。这也促使政府和相关学校探索新的思政教育方法，更新思政教师的教育形式，以确保高校专业思政教师积极参与相关培训活动。

最终，提高高校专业思政教师的职业素养需要国家政策、地方政府、高校、思政教师和社会团体的联合努力，这是一个系统工程，包括长期计划和科学规划。我们可以通过不断推进，逐步加强高校专业思政教师的职业操守、专业技能、创造力和信息素养，以此支持推进国家“双高计划”的成功落实，并培养更多具备高素质和技能的人才。

第四节 高校思政教师队伍建设的总体思路和策略

高校思政教师队伍建设面临着众多的挑战，为切实解决好高校思政教师队伍建设中遇到的困难和问题，必须进一步明确工作思路，明晰工作目标，抓住重点，加强学习，寻求行之有效的方式方法，创造性地开展工作。

一、加强高校思政教师队伍建设的指导思想和目标要求

（一）加强高校思政教师队伍建设的指导思想

习近平新时代中国特色社会主义思想是对马克思主义唯物论的新贡献，是

对马克思主义建党学说的新发展，是对科学社会主义的新概括，标志着关于社会主义本质和社会主义发展道路理论的统一与创新，集中概括了党和国家全部理论活动、实践活动，包括了一切工作的根本方向、根本准则、根本依据，是指引党和国家新世纪伟大进程的行动指南。新形势下面临新的挑战，我们应专注于提升高校思政教师队伍建设水平。具体来说，我们需要建设一支高素质、数量充足、结构更加优化的高校思政教师队伍，以满足在新形势下高校思政教育工作的需要。

（二）加强高校思政教师队伍建设的目标要求

高校思政教师队伍建设，应以习近平新时代中国特色社会主义思想为指导，并切实践行中共中央相关要求。同时，按照《中华人民共和国教师法》《中华人民共和国高校教育法》以及相关部门发布的文件，突出培养高校思政教师的骨干力量，坚持法治校园，不断深化改革，优化队伍结构，推动教育事业的发展。同时，高校教师队伍建设应该确保创意、创新、效率的原则，制定能够促进高校思政教师合理配置和卓越人才脱颖而出的有效机制。

目前以及未来一段时间内，高校将致力于构建思想政治教育师资队伍，在适应国内外政治和经济快速发展的需求方面作出努力，同时也将保持与新形势下高校学生思想政治教育工作紧密相关的必要性。此过程需要打破传统观念的束缚，引入竞争意识，并建立一种能够公开、平等、优胜劣汰的用人机制，以便于选拔出最为合适的人才。我们需要保持开放态度，以促进教师间的有序流动并实现资源共享。同时，拥抱多元化思维，让团队的能量得以持续激发。制定完备的高校思政教师队伍建设机制，改善教师整体素质，例如优化其学历、年龄和职称结构，加强选拔聘任制度，并增强培训、科学考核和公正评价等方面的措施，以促进高校思政教师的科学稳定发展。

二、高校思政教师队伍建设策略

（一）提升高校思政教师的素质能力

1. 深化政治思想学习

如何提升高校思政教师队伍的整体水平和综合素质是党和国家面对的重要课

题。新时代思政课思政教师必须具有较高的政治敏锐性，不断地坚定自身信仰，掌握从政治视角去审视问题的能力，尤其是在核心问题方面坚定立场，保持政治清醒。对个体而言，信仰对行为具有决定性作用。高校思政教师承担了弘扬马克思主义的历史使命，需要将马克思主义的核心思想和科学方法传递给学生，引导高校大学生坚定马克思主义信仰，坚定不移地走中国特色社会主义道路。如果思政教师只是机械地按照教材上的知识点教学，没有真正对所教授的内容产生共鸣和热情，或者在公开与私人场合的表现中，立场模糊不清，未能树立稳定及可信的政治立场，那么他们就无法争取学生们的信任与敬重，同时也降低了作为思政教师的身份需拥有的权威性和影响力。高校思政教师有责任促进有信仰的人发表观点，并且坚定自己的信仰，才能够有效地传授信仰。马克思主义信仰是其中的一种，也是高校思政教师崇高的职责追求。

2. 强化专业理论知识

加强高校思政教师队伍建设必须要着手强化思政教师的专业理论水平，要求思政教师在高校思政课堂教学过程中可以通过逻辑完整的理论来回应社会热点和社会关切，深入浅出地展示马克思主义理论的真理性，通过全面发挥真理效应，来提升学生学习思政课的兴趣。思政教育的核心作用在于思政教师，他们通过思想的传播和引导，在学生思维深处播下种子，培养学生的思想品德和道德情操。而思想则是思政教育的根基，它是引领学生发展成为有思想、有良知、有担当的全面人才的重要因素。在思政课教学过程中，思想发挥了基础作用，而思政教师则发挥了核心作用。思政课离不开思政教师深厚的学术能力和理论素养，思政教师只有不断地积累并深化自身功底，才能实现学术能力的持续发展。

为了增强思政教师的专业理论水平，需要使他们加强学习意愿。高校应该组织多样化、生动有趣的教育培训活动，并大力加强对思政教师的培训力度，确保落实教育部提出的各项要求，特别注重派出业务骨干参加中央党校和马克思主义学院的培训。为了提高自己的理论水平和视野，思政教师应该参加专题研修班，并对自己要求严格。在高校的思政课教学中，我们要积极推进教师自我学习，努力提升他们的学历和理论知识水平。教师们应该通过学习理论和实践探索，组织各种调查活动，全面了解中国共产党在历史上的发展历程，并总结经验，找出不足之处，并加强自身的优势。思政教师通过加强四个自信的信念，为中国特色社会主义的前进提供思想支持，同时将这种自信精神传达给广大学生，指导学生发展先进的思维观念，巩固对共产主义信仰的信心，不断推进中国特色社会主义发展。

3. 创新教学思维方式

思政教师应该在教学中强调创新思维，运用辩证和唯物主义思想来解决各种难题，并改进高校的思政课堂教学，以提升学生的学习兴趣，帮助他们形成正确的信仰和意识形态，掌握更先进的思维方式。思想政治课老师需要运用正确的方法论，以此为指导开展相关活动，从而实现“更新思维”的目的。目前，针对这一领域，党和国家的工作重点主要包括以下三个方面：首先，高校思政教师需要推崇马克思主义理论，采用辩证唯物主义和历史唯物主义的研究方法，更加深入地理解历史的发展趋势，从而在实践中将历史纳入策略考虑的范畴。其次，媒体应该在舆论斗争中获取优势地位，用真实的方式展现中国的价值观和文化形象。其次，为了更好地发挥高校思政课的教学效果，我们应该引进创新的思维模式和新兴技术，以提升教学的质量和影响力。第三，作为高校思政教师，应该持续加强对自身价值的认识，以适应新时代发展的需要，同时强调思政课在高校教学中的核心价值导向，通过采用新颖的教学方法，在高校思政课堂中提升大学生的体验感，加强学生的政治素养，帮助他们更加全面地了解国际形势。

4. 加强职业道德素养

思政教育工作者需要重视自身职业道德建设，这是极为必要的。专业技术人才在社会发展和经济建设中扮演着重要角色。同时，德才兼备的思政教师具有正能量的影响力，能够深刻地塑造学生的世界观和价值观，并输出更多德才兼备的人才，这对于加强我国思想道德建设至关重要。高校思政教师应意识到，职业道德素养对于教学过程起着极为重要的作用。只有进一步提高个人的品格魅力，才能在高校思政教育教学中取得更加杰出的成绩。年轻的思政教师应该勤于学习、不断提升自我素养，承担起引领潮流的重任；年长的思政教师们可以充分利用他们卓越的经验，为思政课提供更多的帮助和指导。高校思政课应当把学生放在教学的核心位置，不断向学生传达关注、爱护、关怀，尽可能利用教育的优势，发挥引导作用，帮助学生成长和发展。思想政治理论课教师需要全身心地投入到教学研究中，积极寻求更多的知识和心得，引导高校大学生以更积极的态度来面对各种难点问题。同时，要不断增强自己的贡献力度，为学生的成长和发展作出更大的贡献。

（二）加强高校思政教师队伍的教育培训工作

1. 组织开展社会实践活动

只有将理论知识置于实践中，才能体现其真正的价值。因此，高校应当策划和组织相关的考察和实践活动，通过带薪实习或岗位锻炼来提升思政教育师资队伍的整体素养。为了促进我国高校思政课教育的发展，必须采取切实有效的措施加强思政教师队伍建设。

为了实现高校思政课的教育目标，高校思政教师应积极参与社会考察和实践活动，以深刻地认识社会生活并掌握社会民情。只有这样，我们才能更好地运用马克思主义的辩证唯物主义和唯物历史主义去解决当前的热门问题，同时增强我们的教学使命感和责任感，培养学生的爱国精神。此外，为了提高思政教师的教学水平和价值认同，需要开展丰富多样的社会实践和学习考察活动。这些活动可以让思政教师通过实践体验来丰富自己在思政课教学中的教学资源，增强自己在高校思政课堂上的说服力。同时，这也能够使思政教师在理性与情感之间达到统一，真正实现“以理化人、以情动人”的教学效果。通过这些努力，可以有效加强对思政教师的培训目标。

2. 完善高校思政教师队伍的培训体系

为加强高校思政教师队伍建设，我们需要积极探索提升思政教师队伍知识水平的方法，其中关键的一步是建立周密合理的培训机制。我们可以采用多种教育方式，比如通过经常学习和不定期的讨论会，来增进思政教师素养，以达到培训的基本目的。我们需要建立一个三级培训体系，包括国家示范培训、省级分批轮训、学校全员培训，它们之间要密切衔接，并相互补充，最终达到健全完善的目标。为了满足不同层次员工的培训需要，我们需要科学地设计培训内容，并丰富、完善培训方式。同时，需要制定有针对性的教材，以确保培训内容的科学性和合理性。各部门热情响应党中央的全面建设规划，经教育部统筹协调，组织了一系列思想政治教育师资培训活动。特别是加大科研专家的培育力度，为提高思政教育的水平、为从事该领域的工作者提供更广泛的培训机会，进而拓展他们的职业前景。我们整合了思政课科研骨干和干部培养机制，有效地利用资源并提高了政治培养的合理性。同时，要形成完备的培训体系流，建立“岗前培训—培训反馈—职业技能培训—培训反馈—职业再培训—培训反馈”[①]的培训机制。

（三）建立思政教师队伍部门协同机制

在高校师资力量捉襟见肘的背景下，整合思政教育资源，建立思政教师队伍部门协同机制尤为重要。

高校应该建立稳定可靠的支持机制，帮助思政教师实现个人成长和发展。为了达到这个目标，我们应该重视高校平台的建设并提供更多职业发展机会，以促进思想政治教育教师的专业能力和素质的提高。同时，打破制度束缚，为思政教师提供持续发展的帮助和支持。现今，我们面临着一个突出的问题，即过分关注科研而忽视教学。此外，思政教师队伍中还存在被动应对与缺乏热情的授课现象。高校必须采取具有实际效果的措施，以扭转这种不良趋势，促进思政教师团队在创新和发挥主动性方面大力推进。

其次，要为思政教师提供良好的教学科研环境，确保思政教师可以专心投入教学、做好研究，通过引入整体水平较高的思政教师团队，切实提升教师业务能力及素质培养的整体水平，从根本上转变思想，维护各方面思政教育的效果。

（四）推进高校思政教师队伍考核评价体系

1. 健全高校思政教师队伍的绩效考评方法

绩效考核机制成为提高思政教师教学质量的重要手段，对于思政课工作成效评价起到了巨大的促进作用。高校应该采取有效的鼓励措施，以提高思政教师的教学和研究水平。高校应该建立科学的绩效考核体系，采用更加规范化的指标评估标准，并建立完善的绩效考核机制。为提高思政教师的工作积极性，我们应在考核过程中综合考虑其职责履行情况和教学成绩，以“效率第一，按绩分配，优胜优奖”的原则为指导，以鼓励授课思政教师的竞争性和推动学科建设水平的提高。在对思政教师进行绩效评估时，我们始终秉持着“公平、公开、公正”的核心价值观，以此确保评定过程的公正性、平等性、透明度，以最大程度地维护思政教师的利益。为了促进思政教师的发展，提高他们的教学热情，需要给予他们一些奖励，前提是他们在绩效考核中表现优秀。在评价思想政治教育的成果时，

① 任金晶．新时期高校思政课程理论与实践探索 [M]. 长春：吉林大学出版社，2022.

需要考虑的因素更加多样化，仅仅依赖于某一方面的标准会失去全面性，这样评估可能会出现误差。因而，为了评估思政教师的教育活动，可以把科学研究成果、教育成就、社会服务活动等等转化为一定的分值来计算。绩效考核完成后，高校需要根据评估结果来制订相应的薪酬计划、职业发展规划和福利津贴等措施。通过确立绩效考核全面客观的标准，以推动思政教师全面发展。

另外，绩效考核活动还能让思政教师更全面地认识自己的优点和不足之处，并据此有针对性地制订改进计划，以期在教学中实现更高的水平和目标。高校可以采取科学合理的方式，引入全面有效的标准，对思政教师考核评价体系进行不断改进。通过以指标为依据来评价每位思政教师的表现，可以更客观、全面地评估他们的教学绩效，以此进一步提升思政课程的教学质量，提升思政教师的专业化程度。

2. 加强使用高校思政教师队伍的考评结果

考核是一种手段，而激励才是目标，在某种意义上，公正、公平、客观的绩效考核结果有利于优化高校师资力量结构，最大限度地激发思政教师的工作潜力，提升其授课积极性，促进思政教师队伍的不断发展进步，促进高校整体工作任务和目标的高质量实现。所以，如果要调整思政教师的考核现状，不但需要对现有标准进行合理优化，还需要更加灵活地应用考核结果。对高校而言，需要将年度考核结果和职务升迁、级别高低等关联，有效发挥绩效考核结果的激励效果。同时，要善于运用考评结果，有针对性地分析在思政教师队伍建设过程中存在哪些共性问题，哪些个性问题，要积极同团队一起分析工作中的长处与不足，及时对不足之处进行反思与反馈，并提出改进的意见和行动计划，形成一种高效的发展性思政教师评价。

除此之外，高校思政教师队伍考评结果的使用必须要硬性条件加软性标准结合使用，硬性为主、软性为辅，以软性考核细则强化思政教师除教学业务能力之外的素质水平，促成思政教师多方面能力的综合发展，实现思政教师自身知识面的多维化。

（五）完善高校思政教师队伍的激励和保障机制

1. 完善保障机制

通过多种方式，提升高校思政教师的地位和收入水平，并在制度层面上提供更多保障。

高校思想政治教育是我国意识形态安全的重要保障，因此具有战略意义。为了保证其有效性，我们需要实行“一把手”负责制来提供组织保障。高校应当将思政教育作为重要的工作内容来对待，将其列为重要议事日程，并明确相关的安排。

另外，要增强资金保障。在高校思政教育方面，为了实现预期目标，一方面需要按照党和国家的要求进行整体部署和合理配置资源，并加大相关投入，以确保相关决策的切实贯彻。另一方面，我们需要调整资金结构，提高资源的精准和高效利用，以弥补思政教师队伍建设方面的不足。

最后，要加强监督措施，包括提高思政教师的待遇和社会地位，增加经费投入，以及积极表扬优秀的思政教师。在此过程中，监督保障是必不可少的。所以，只有不断加强监督保障，才能真正提升思政教师的地位。在社会主义现代化建设新时期，高校思政教育需要承担更多的责任来推进思想政治教育，这需要建立完善的保障体系，以促进师风师德的弘扬和思政教师的地位和待遇的提高。此外，高校还需要建设高素质、专业化、创新型思政教师队伍，以确保他们能够向社会输出优秀的人才，培养符合时代要求的中国梦实践者。

2. 完善激励机制

有效的激励措施是推进团队建设的重要工具。为了增强思政教师的自我发展动力，需要建立一个科学合理的激励机制，该机制应该将合理考核和有效激励深度融合，消除以工作年限、年龄的资历排辈论序以及平均主义等不合理现象。同时，我们还需要消除任职长期不变动的“终身制”，建立起竞争上岗的机制，使优秀的思政教师在教学中能够充分发挥自身的优势。这就意味着，我们需要确保能够公平公正地选拔和升迁人员，从而实现能进能出、能上能下、能高能低的目标。在专业技术职务评定过程中，应设置单独的标准以评估马克思主义理论与思想政治教育类课程的掌握程度，并保证这些标准不可调整。根据规定，思政类专业在技术职务比例方面应该保持高于平均水平的水准。其次，为了促进思政教师的成长，我们应该有一个科学的考核体系，对他们的专业素养、科研实力和教学技巧等方面进行评估，从而全面衡量他们的综合素质水平。我们需要鼓励思政教师在积极投入科研工作的同时，提高其教学实践能力，以避免出现一些思政教师只重视科研而轻视教学，或者只注重教学而缺乏科研的不均衡现象。为了褒扬那些表现优异、作出杰出贡献的思政教师，我们将提高奖励力度，积极树立他们的榜样形象。例如，我们将设立“名师工作室”、提供经费，并采取更多的宣传手段，以充分展示这些突出代表的榜样力量。这样一来，我们就能够通过优秀代表人物的带头作用，激发大家对于教学、学科和学院的归属感和责任感，以不断提升思政教师的教学水平和贡献价值。

第三章　高校思政教育机制建设

学科是大学不可或缺的基石，同时也是大学存在的重要组成部分。学科评价是高等教育评价的一部分，它以学科为基础，对大学的人才培养、科学研究和社会服务活动进行评价，是一个评价其价值、效果和效率的综合性实践活动。收集学科发展动态数据和评价学科的能力是学科范式和学术共同体形成的重要标志。思想政治教育学科的评价标准的出现反映了该学科正在积极发展。目前，思想政治教育学科正在致力于建立一种学科发展的评价机制与标准。

第一节　高校思政教育考核评价机制概述

高校思政教育考核评价机制是提高高校思政教育效果的重要保障。要科学解读高校思政教育考核评价机制内涵、原则和功能，以采取有效方法，改革创新，完善高校思政教育考核评价机制。

高校思政教育评价是评价主体依照一定标准、要求，对高校思政教育的内容、方式、进程以及实际成效进行评价的过程。实施教育必须进行评价，而进行评价则必须要建立相应的评价机制。

一、高校思政教育考核评价机制建设的意义

高等教育的一个重要组成部分，便是高等学校思政教育（以下论述简称教育）。目前，高校思政教育的发展还具备很大的提升空间，与党和国家对其期望和要求还存在一定的差距。出现这样状况的其中一个主要原因是现行高校思政教育评价机制（以下论述简称评价机制）存在一定问题。目前的评价机制严重妨碍了良好教育风气的形成、学生素质的培养以及教育效果的提高。因此，迫切需要改革高校思政教育的现有评价机制。

评价机制对教育发展具有重要的影响，因此，我们必须研究和创造科学、合理的评价机制，以促进教育的进步。如果不涉及高校思政教育考核评价机制的改革，谈论教育改革就没有任何意义。为了全面实现教育的功能，我们需要改革教育的方式和方法，并以评价机制改革为牵引，改变现有评价制度对教育的局限和误导，建立评价促进和引导教育的新格局。引入科学的教育评价机制可以激发教育者的教学潜力，增强学生的学习动力，并妥善解决高等教育思政教育中存在的阻力问题，为营造创新的环境和提高教育质量作出贡献。只有对教育评价机制进行完善，才能提高评价的真实性、准确性、公正性、合理性、全面性和可持续性，有效发挥教育评价的作用，增强其说服力、可信度和引导力，从而为提高高校思政教育的效果和质量提供动力支持和制度保障。

目前，在高校思政教育考核评价机制的建设方面，进展相对较为缓慢，评价指标在衡量、说服、信任、应用和指导等方面存在不足之处。这种不足导致评价形式主义和功利主义现象无法得到有效纠正，评价的功能也无法达到预期效果，评价在实际中的作用难以真正显现。传统的评价观念根深蒂固。相比之下，科学的评价思想还尚未完全形成，并且科学、可持续的评价机制仍未得以建立。因此，高校思政教育的考核评价机制建设仍然是一项具有挑战性的任务。

教育发展的进程受到教育评价机制建设的决定性影响。为了与时代发展相适应，我们需要探索并建立一套科学、合理、规范的教育评价机制，这将有助于改变当前不科学、不合理和不规范的评价机制，提高思政教育的评价效果。这样的评价机制能够有效地促进教育、指导教育和服务教育，从而提高高校思政教育的水平，培养出更多合格的建设者。

二、高校思政教育考核评价机制的主要内涵

评价机制是一个对教育进行全面评价的系统和运行机制，在此过程中，评价主体将按照事先设定的标准，对教育的所有要素，包括内容、教学方式、教材、学习环境、组织与管理和结果等进行评价。评价机制研究的主要是“评价者是谁”“被评价者是谁”“评价的内容是什么”以及“如何进行评价”的相关问题。

思政教育的考核评价机制在高校中起到了承上启下的重要作用。尽管评价机制不是专门的，但仍具有独特的重要性。它并非与思政教育无关，而是与之密不

可分，是思政教育的一个组成部分。评价是将过程与结果、知识与行动、分析与总结有机地结合在一起的综合性考量。教育发展需要评价机制的支持和推动。

教育评价机制关注教育的全过程和成果，并将其作为评价的对象。评价机制同时考虑到教育的成果和过程，不仅关注目标实现，还重视教育活动的状态。教育结果受到教育过程的影响，如果教育过程中存在问题，那么教育效果则会受到负面影响。由于效果是由过程主导的，因此，评价过程其实就是评价效果。

评价机制具有非常明显的特点——专一性和目的性。专一性指的是对高校思政教育的独特关注和评价，而不会关注或评价其他方面。目的性指的是评价机制致力于实现思想政治教育的培养目标，以及为实现这一目标提供有效保障。

高校思政教育考核评价机制的主要内涵如下。

1. 目的和任务

目的是发挥高校培养社会主义建设者和接班人的功能，提高教育的针对性、实效性和前瞻性，使教育更好地为社会主义建设服务。任务是立足培养合格的社会主义建设者和接班人，坚持用马列主义、毛泽东思想和中国特色社会主义理论教育学生坚持社会主义方向，树立科学的世界观、人生观，形成良好的思想道德品质、坚定的政治信仰，培养正确的行为方式，成为“四有”新人。

2. 具体要求

一是具有政治性。坚持“以马克思主义为指导，全面贯彻党的教育方针”。[①]二是具有整体性。科学构建内容体系和指标体系，重视评价整体效果，实现教育整体效力。三是具有层次性。既有教无类，又区别对待，根据不同层次、情况的学生进行符合实际的评价。四是具有针对性。联系社会变迁和学生思想实际，将一般性理论教育评价和针对性社会实践教育评价兼顾并重。五是具有创新性。坚持传统评价，同时适应时代发展，创新评价方式、方法。六是具有协同性。使教育、管理与服务相结合，协同一致贯彻培养要求。七是具有民主性。调动教和学的两个积极性，主客一体，建立一种平等、民主、互尊、互信的师生评价机制，提高自我教育的能力。

① 天山网．全面贯彻党的教育方针坚持社会主义办学方向 加强高校思想政治工作开创高等教育事业新局面[EB/OL].（2017-04-11）[2023-07-22].http：//news.ts.cn/system/2017/04/11/012592203.shtml.

3. 主体和客体

主体包括政府教育行政部门、社会中介机构（外部主体）、学校（内部主体）；客体主要是学校、宣传、组织、教务、学工、团委部门管理人员、思政理论课教师、辅导员和大学生。学校、党政团工作者、思政课教师、辅导员既是评价客体又是评价主体，同时评价对象学生亦具有主体地位。

4. 评价机制

评价机制有内外部评价机制。内部评价机制是学校独立进行评价的机制，是高校有计划、有组织地对下属单位思政教育开展情况进行的定期检查和评价；外部评价机制是政府教育部（厅）、社会中介组织评价的机制，是教育行政部门或专家组对高校进行的定期或不定期检查、评价。两者关联互动，内主外辅，共同构成一个系统评价机制。

5. 主要内容

主要包括领导体制、队伍建设、课程建设、日常工作、社会实践开展、校园文化建设以及规章制度建设、投入、效果。

高校思政教育考核评价机制主要由相互联结、彼此互动的主体、过程及效果评价组成。“机制”比“体系”更动态。

三、高校思政教育考核评价机制的基本原则

评价应当既要注重理论学习，也要重视实践体验，将学习成果贯穿于思考、情感、意识、行动之中，理论知识要有实际联系。同时，评价机制应该是一个内在和外在的循环过程，通过内化和外化实现互动循环，让学生在思想与实践中“真懂”“真用”“真信”。

高校要建立更为完善的思政教育评价机制，应当坚持以下几点原则。

其一，应当坚持以人为本的原则。高校应当以关注学生的成长和发展为核心，确保思政教育评价具有人性化的特点。考评机制必须以人为本，注重考虑人的需求和因素。在评价高校思政教育时，应该以关注学生为中心。这就要求我们从教师和学生的角度去思考，特别是要确保尊重学生的核心价值观，维护他们的利益，帮助他们在健康的环境中成长。我们需要将人文关怀精神融入培养理念中，使其以学生为中心。在思想政治教育评价中，大学生被赋予主体地位，其特点是具有

自觉能动性，表现为他们对于评价内容和目的有着自觉的理解和自主选择，积极创造。高校应该以学生为本，对其尊重、关心、信任、理解，同时给予帮助，应当承认学生的主体地位，鼓励学生表现出主动精神，为学生提供情感上的关注。此外，要根据社会的变化和大学生的特点、行为方式、价值观念的变化进行评估和分析。教育的最高标准在于满足学生的需求。高校的教育“必须围绕、关照、服务学生，不断提高学生思想水平、政治觉悟、道德品质，让学生全面发展”。[①]

其二，应当坚持实事求是的原则。确立科学、合理、有效的评价准则必须遵循实际情况，追求真实客观。只有采用客观、有效、实事求是的评价手段，思政教育才能真正发挥引导作用。保持实事求是的态度，意味着我们需要真实地反映思政教育的过程和效果，指出存在的问题。若评价机制不真实地呈现问题，还掩盖其存在并未能真正解决，那么就不能称之为真正的评价机制，教育也只是一种表面的形式而已，这需要我们反思并吸取教训。同时要及时掌握学生思政教育中的思想动向。

其三，应当坚持全面系统的原则。高校思政教育考核评价机制是对思政教育的各方面进行评价和监督的体制。它包括评价系统和运行体制对思政教育的主客体、内容、方式、方法、组织等方面进行全面、广泛、多元、深刻的评价，具有引导作用的特点。从现实角度来看，我们需要创建一个全面的开放式评价体系，并创新评价方法。

其四，应当坚持持之以恒的原则。教育的重点在于培养大学生的政治素养、思想品德和行为意识，这比仅仅传授知识更为复杂和耗时，且结果也更难预测。这个过程是漫长、艰辛、曲折、反复无常的，需要学生渐渐认识、整合、掌握、理解、内化以及升华教育内容和所传授的知识和道理。虽然高校思政教育的成效不会立刻显现出来，而是逐步产生影响，但这也意味着我们需要始终保持思政教育评价的动态性和发展性，并且在实践过程中坚持不懈、持之以恒。

其五，应当坚持灵活机动的原则。高校在建立思政教育考核评价机制时需要注重差异化，应因时因地制宜，探索适合本校特点的评价模式。在选择评价方法和模式时，需要考虑实际情况，灵活应变，避免死板地套用某一种方法或模式而

① 人民论坛．以服务学生为中心推进协同育人 [EB/OL].（2019-01-22）[2023-07-22].http：//www.rmlt.com.cn/2019/0122/538023.shtml.

使思政教育评价变得毫无个性化和创新性。教育评价机制需要灵活应对各种变化和问题，不能一成不变地坚守旧有方式。由于教育面临着多样化和多变的挑战，这就需要评价机制能及时调整，满足学生的实际需求。

"创新是评价机制得以延续和发挥最大功能的保障。教育评价中采用了'教—学'模式。必须拓展评价的空间，创造性地开拓'学—行'的教育空间。"①

四、高校思政教育考核评价机制的主要功能

多方面和多层次是高校思政教育评价功能的主要特征。其中，包括以下几项功能：检查功能、制约功能、保障功能、激励功能以及创新功能。思政教育评价机制的目的在于确保高校的思政教育能够取得更好的成效，具体而言，主要体现在以下几点内容。

其一，检查与考量功能。思政教育评价机制的检查和考量功能指的是通过评价来确认教育发展的情况，对此进行实际价值的衡量，并提出运行建议。审视教育是对教育过程进行考察、分析和评估，旨在通过积极总结经验，及时发现问题和反馈问题。考量，意味着在全面了解、真实评定和准确测量情况的基础上，提出有针对性的建议来推动事物的进步与发展。

其二，引导与规范功能。思政教育评价机制的作用包括引导和规范学生的思想和行为，并严格约束和保障这个过程的有效性。它的含义是在对教育行为进行严密地审查、测评和比较之后，以合理的建议和监督来促使评价对象全神贯注且准确无误地实现教育目标。引导主要是针对教育过程中出现的偏差问题，引导对象没有重大方向性过失和根本性错误。规范对象的问题较为严重，如教育方式或者方法出现方向性偏离和目标性越位。于此，促进教育运行需要遵循教育目标和标准，引导、规范和调整功能指挥和评价。

其三，激励与驱动功能。评价机制的激励、驱动功能是通过对教育进行评析、衡量、控约和保障，来唤醒教育主体和客体的自主意识、能动意识，从而激发他们的积极性和创造性。它促使教育者追求更优秀、更适宜的教育方式，同时激发学生积极地接受良好教育。评价应当去伪存真，扬善弃恶。它一方面能够激励教育工作者秉持着热情、积极的心态投入工作中，不遗余力地实现教育目标；另一

① 孙丽娟．新时期高校思想政治教育理论与实践 [M]. 延吉：延边大学出版社，2022.

方面能够更好地激发学生的潜力，让他们更加主动、自觉地接受教育培养。

其四，整合与协同功能。高校思政教育涉及的评价主体和评价内容具备多样性。评价的维度有很多，包括体制、团队、课程和制度建设、日常工作以及教育投入等多个方面，每个方面都有其独特性。高校需要考虑到多方面的因素，整合各方面的资源，协调各个环节的工作，创新评价方法，确保不同主体之间的交流合作，并全面提升评价的效果。

其五，创新与发展功能。高校可以通过评价思政教育来了解思政教育的实际效果，以此为基础进一步完善决策和改进方法，从而促进思政教育活动的发展。随着环境的变迁，高校应当及时调整思政教育评价活动的内容和方法，并推进教育评价环境和工具的不断创新和改善，从而更好地完善教育评价体系和制度。

为了更好地推动高校思政教育的进步，高校需要拥有创新的意识、开阔的视野以及敏锐的洞察力，并积极寻求一套科学有效的思政教育评价运作方式和评价机制。要改善不真实、不公正、不合理、不全面、不科学的评价现象，我们需要建立科学、合理、可持续的评价机制，这样评价便不仅仅关注教育形式与表象，更注重教育者的教育态度、教育理念和教育质量。通过引入多元化和理性化的评价机制，我们能够进一步促进教育改革，使教育效果得到切实提升。

第二节　高校思政教育激励约束机制建设

在高校的思政教育中，激励是指通过各种管理措施，使大学生产生和增强为实现教育教学目标工作的动力。而约束则是指在高校思政教育领域采取各种措施来确保大学生遵守教育教学目标，以及督促高校思政教育管理者积极履行管理职责的活动。因此，在高等教育的思想政治教育实践中，教育工作者需要积极探索科学、合理的激励和约束机制，逐步推进这些机制朝着规范化和个性化的方向发展。

一、建立健全高校思政教育工作者激励与约束机制

一般而言，高校需要基于之前的定量和定性评估结果来制定大学生思政教育的激励和约束机制，考核机构需要根据评估标准、范围和形式等因素来实施具体

的考核程序。因此，在实践过程中，激励与约束机制应当坚持以正面激励为主、激励和约束相结合的原则，从而确保措施明确、奖惩得当。

（一）为建立、运行与完善高校思政教育激励与约束机制创造条件

在制定激励和约束机制时，必须考虑到思政教育工作者的实际情况，以人为本。大学生思政教育工作决策者需要通过各种途径和方法了解教职工不同层次的实际需求，通过有效激励和约束机制来提升思政教育工作的成效。除了满足物质需求之外，我们需要更注重长远的发展。因此，在建立激励和约束机制时，我们应该更多地考虑到高校思政教育工作者的成就感，特别是为他们的成长提供更多精神层面的支持。

建立有效的高校思政教育信息沟通机制，确保信息的及时、全面、准确传达，既能够有效地激励学生，又能够约束他们的行为。从一方面来说，需要广泛宣传并公开激励与约束机制的设计理念、操作程序、规范制度等内容，再与大学生思政教育工作者就其认同度展开讨论，并及时反馈所收集到的信息。从另一方面来看，还需要探讨具体的学习、培训、指导、实践、激励和约束机制的运行方式和方法，并评估教职员工的工作态度、技能、知识是否符合机制的要求以确保其正常运行。

在实践的过程中，高校应当秉持着合理性的原则，确保激励和约束机制的制定和实施更加贴和实际需要。为了确保有效约束力，奖惩措施应当注意适度，并公正执行。只有建立明确的奖惩制度并确保其公正合理，才能有效发挥激励与约束机制的积极导向作用。教育者除了需要学会是否奖惩、如何奖惩，还需要能够对于一些细节工作进行妥善安排，例如时机、场合、形式和程度等。为了能够达到预期效果，需要采取奖惩手段来引导大学生和思政教育工作人员遵守规章制度，明确行为准则。因此，我们应当充分利用奖励和惩罚的积极作用，以不断加强激励和约束机制的说服力、影响力以及号召力。

（二）以“全员育人”为理念制定和推行激励与约束机制

激励与约束机制的总体设计，要在面向全体思政教育工作队伍以及“全员育人”的环境下进行。我们需要建立符合全校改革和发展的机制，以促进整体进步。在确保思政教育有效的前提下，可以采用多种手段来制定完善的约束机制，包括

政策约束、职责约束以及舆论约束等，以提高思政教育的质量和效果。具体而言，政策约束包括设定工作岗位要求、评审评聘要求、引进标准等；职责约束包括岗位意识、聘任合同、岗位要求等多方面；舆论约束包括考核公示等。通过完善绩效考核分配机制，可以有效规范大学生思政教育工作体系，更好地促进大学生思政教育工作者积极履行职责以及学生工作的协调发展。

（三）在思政教育系统内部全面实施激励与约束机制

大学生思政教育委员会要推动各部门和机构设立完善的内部激励和规范机制，涵盖课堂教学考核、学生事务管理、学生服务、干部管理以及工作效果等各方面，这是为了保障思政教育的有效推进。我们需要加强对大学生思政教育工作部门的管理，以便更好地促进大学生思政教育工作者的职责落实，并提高大学生思政教育工作部门的教育、管理和服务水平。

建立完善的内部激励和约束机制是巩固大学生思政教育工作的基石，与此同时，也可以使工作效率得到切实提高。这一举措能够促进大学生思政教育工作各部门和从事这项工作的人员的创新能力和积极性。在制定和完善内部思政教育制度时，学院应当充分运用奖励和惩罚机制，以引导和约束教育行为，并确保奖惩制度与思政教育管理相结合，从而更好地满足院系的实际需求。对于专兼职大学生思政教育工作者和学生党员、骨干队伍的日常管理，应该采用考核激励奖惩的方式进行，以激励和约束为重点，特别关注专兼职学生干部的成长与健康发展，从而在学校思政教育工作的人才培养中，充分发挥出激励与约束机制的重要作用。

二、不断完善以大学生为主要对象的激励与约束机制

（一）建立健全自上而下的多种激励机制

从现实的角度来看，当前大学生思政教育的激励机制存在一些问题，比如形式单一、推动力不足、缺乏民主透明度、效果不明显等。常见的主要形式包括：通报表扬、发证书、资金奖励、宣讲宣传、给予荣誉称号、推荐参加共产党组织几种形式。这些激励方式较为传统，缺乏新意，并且在宣传、覆盖、影响等方面表现不足，同时还存在过于注重形式的问题。大学生思想政治教育的激励措施不

够具体，无法考虑到发挥师生、学生之间相互支持的激励作用以及在日常生活中的激励措施。因此，大学生思政教育的激励机制需要更加贴近学生的需求，在方式和方法上作出调整。

第一，要将大学生思政教育工作与社会发展需要融合起来，确立正确的激励方向和目标。大学生思政教育的核心任务是要协调大学生的思想行为和社会发展的需要，以确保他们的身心健康和社会需求在思政教育中得到平衡和整合。因此，大学生思政教育应在激励和日常指导方面考虑到这两个方面的统一。个人的全面发展可以与社会整体目标的实现相辅相成，只有将二者有机地结合起来并协调统一，才能为有效的激励机制创造有利的环境和条件。激励机制的核心就是要在激发个人主动性和积极性的基础上，实现个人的全面自由发展和社会整体目标的有机结合。在现代化建设中，个人的思想道德发展与社会发展的目标方向应当相互衔接，保持一致。在设定大学生思政教育激励机制的目标时，需要将服务、管理、教育职能与社会需求以及高校发展融合在一起，同时将个人品格塑造和社会进步紧密结合。在制定目标时必须注重实际，考虑到学生、学校和社会的利益，同时也需要平衡短期和长期的发展的影响。如果我们能够选择正确的激励方向，并采用符合当今时代特征的激励方式和手段，则可以在运行激励机制的过程中，获得教育者和被教育者的广泛认可以及好评。

第二，需要不断探索并改进大学生思政教育的激励机制，使其更加合理且完善，从而提高激励的效力，更加全面地激发教育者和被教育者的积极性、主动性和创造性。为了让激励运行机制达到预期效果，必须根据激励对象、激励目标等因素，选择适合的激励方法。此外，应当根据个体的需求和思政教育的目标来选择适宜的鼓励方式。根据马斯洛的需求层次理论，可以将人的需求分为五个层次，从低到高的层次进行排序为：生理需要、安全需要、社交需要、尊重需要和自我实现的需要。因此，从人的两大主要需求类型——物质需要和精神需要的角度出发，在实践中，我们可以运用相对应的物质激励和精神激励这两种重要的激励手段。从现实的角度来看，对于大多数人来说，物质性激励效果具备直接快速性的特点，因此，在短期目标中使用物质性的激励机制是必需的。尽管人们可能更容易被物质需求驱动，原因在于这种需求更为基本且能够激发人们的主动性，但人类的精神需求在激励机制中也同样拥有重要的地位。因为精神上的激励与个人的思想观念和价值信仰有着非常深刻的联系，并且这种激励的影响会更加长期和稳定。因此，应当以激发精神动力为主要手段，并辅以物质奖励。这实际上是要强调精神激励和物质激励应该互相补充，而不是偏袒某一方。在制定激励政策时，需要兼顾质量和数量，并且要恰当地调整激励的程度。过度的激励或者激励不充足则很难有效激发人的动力，反而可能会对教育者或受教育者的积极性造成消极影响。所以，要达到提高大学生思政教育效果的目的，必须建立一个科学的大学生思政教育激励机制，采用多种途径，有效地鼓励教育者和受教育者发挥主观能动性和创造力。

第三，要通过平衡好主体和客体之间的关系以实现激励效果，使得外部的压力和动力被转化为个体的思想和行为。有效的激励机制需要巧妙地处理激励主体与激励客体之间的关系，从而使激励不仅具有长效性，而且能够促进预期的外部活动。成功的激励不仅取决于激励者采用的手段和意愿，还需要客观因素的配合才能实现预期效果。被激励者对激励标准、方式和程度的理解和认知程度会对激励机制的效果产生很大影响。如果人们同意激励的标准、方式和力度，那么他们更有可能从内心深处自愿接受激励机制的启示，然后朝着包含在激励目标中的价值观念和行为方式前进。这意味着逐渐将外部目标和标准转化为个人的内在标准，或对个人自身已有的标准进行修改和调整。这种激励转换使得社会目标与个体目标在一定程度上变得一致，同时避免了激励机制运行时的各种障碍，有助于实现激励机制的预期效果。

（二）实现自律与他律的有效互补约束机制

加强大学生思政教育的约束机制，主要涉及从外部约束和自我约束两个方面进行加强完善。外部约束可以划分为倡导性约束和强制性约束。其中，倡导性约束具有引导和期许性的特点，更强调应该做什么和应该如何做；强制性约束则既强调必须做什么和必须如何做，同时也强调不应该做什么和不应该如何做。在开展大学生思想政治教育工作的初期，较为重视规范强制性内容，以此作为基本的纪律准则，帮助大学生明确行为和品德方面的认识。为了使学生能够遵循好与不好、该做不该做以及如何去做才合理等外部性约束，这些纪律准则应该被清晰地规范，这样学生才能将其转化为自己的思维和行为准则。大学生思政教育工作委员会应该创建一套完整的大学生道德行为规范，以此为指导，帮助大学生建立正确的道德观念并规范行为。此外，需要创建完善的机制来监督和管理大学生的思想和行为，以及采用各种手段和方法控制大学生在思想和行为方面的偏差，确保其行为符合规范。各职能部门和各院系学生主管部门应当在学校党委的指导下，合作推进思政教育工作，并对学生的行为和思想道德进行多种形式的监督与检查。一旦出现问题，要及时进行纠正，并采取多种手段，如教育、批评和处罚措施等，进行改正。综上所述，为了确保大学生思政教育的有效性，高校应逐步建立并完善外部监管机制和制度规范，以实现从“他律”到“自律”的转变。

大学生自我约束的形成基于外部的规范和现实性，通过反馈和实践逐渐培养道德感和责任意识，并促使学生不断反思自己的行为和思想。不断的自我调整和反省，在大学生思政教育内部形成了自我监督和约束机制。为了能够有效地培养大学生的内部约束力，我们需要在日常的思政教育工作中注重外部约束力的转化和生成。日常大学生管理、教学或服务应该具备规范性、公正性和民主性等基本特征，确保学生感知到制度的公正性，并认识到管理教育工作对个体的益处。为了有效开展思政教育工作，让大学生体验到制度和管理教育方面的约束至关重要。只有每个人自觉遵守纪律，才可以更好地实现制度外部强制约束和学生内部自律的有机结合。我们应当提倡“勿以善小而不为，勿以恶小而为之”[①]，引导大学生从身边小事开始培养良好的行为习惯，通过建立健全的规章制度来规范学生的言行举止，营造文明、和谐的校园文化氛围。大学生的良好行为习惯和思想品德是通过长期的内、外在力量相互作用逐步形成的，既包括自我自觉的因素，也涉及外部环境因素的影响。与中小学生相比，对大学生的思政教育需要更高超的约束技巧，教育者需要根据不同的情境和时机，灵活地使用各种约束机制，既要“动之以情”，也要“晓之以理”。只有这样，才能让学生对约束机制有一个更加理性的认识并将其付诸行动，而这不仅无形中减少了约束机制的阻力，也有助于其更有效地运行。

因此，内外部约束的合理搭配是约束机制运行的最高境界，与此同时，在诸多约束中，内外部约束的合理搭配可以让大学生潜移默化地实现精神层面的升华、道德层面的熏陶以及规范自身的行为。

---

① 曹书文．论语语境 [M]. 北京：中国经济出版社，2022.

第三节　高校思政教育保障机制建设

高校思政教育工作机制（以下论述简称“工作机制”）的其中一个重要组成部分，便是高校思政教育保障机制（以下论述简称“保障机制”）。保障机制的建立和运行质量直接影响到工作机制的有效性，进而影响到高校思政教育体制功能的发挥以及思政教育的正常推进。

就工作而言，保障的意义在于提供必要的条件，以确保思政教育能够得以顺利实施。从现实的角度来看，必要的保障主要包括思想保障、组织保障、制度保障、经费保障以及人员保障等。

思想保障是认识大学生思政教育的重要性和必要性。因此，必须对于思政教育予以高度重视，与此同时，为其提供工作动力。

组织保障是为了完成和实现思政教育的任务和目标，建立组织机构，设立工作部门，提供工作载体。

制度保障指的是对于工作职责进行明确，制定相应的行为规范，从而形成良好的工作机制，并确保其能够有序地运行。

经费保障指的是提供经费等工作条件，从而确保思政教育工作的顺利开展。

人员保障指的是为工作岗位提供所必需的人员，即建设数量适宜、结构合理、素质良好的人员队伍。

上述保障所具有的重要性、必要性已经被理论和实践证明，在这里我们不再赘述。以下将从宏观和微观两个方面，对这些保障的现状、存在问题以及如何加强、调整进行分析和探讨。

一、宏观保障机制及其运行特点分析

宏观保障机制是学校以外各级党委政府及其部门根据职责要求，给高校思政教育提供保障所形成的相互联系和相互作用，其运行就是这些相互联系、相互作用持续产生的过程。在经过多年的理论探究和实践研究后，我国已经建立了完善的宏观保障机制，并且这一机制已经能够正常、有效地运转，其为高校思政教育

提供了坚实的支持后盾。

目前，高校思政教育已建立完整的宏观制度体系，这为大学生的思政教育提供了有力的宏观制度保障。宏观制度体系形成的明显标志包括相关教育法律法规的颁布。例如，《高等教育法》规定高等学校应该实行党委领导下的校长负责制，其中，党委和校长都应该承担领导和推进大学生思想政治教育的职责。尽管现在大学生思政教育宏观经费保障机制已建立，经费也基本得到保证，但仍存在一定程度的不足，需要进一步改进、完善以及创新。与此同时，现在已经建立了大学生思政教育的人员保障机制，并且基本保障了人员的供给，但也仍需进一步调整和完善，以弥补不足之处。从现实的角度来看，学校现已建立一个由编制人员、非编制人员以及社会兼职人员构成的思政教育工作队伍，与其他教师团队类似，以确保思政教育人员能够得到必要的支持和资源。然而，这种机制也有其局限性，因为它不利于对编制人员和非编制人员进行统一管理，并且会对人员数量的保障产生一定程度的负面影响。因此，我们需要对当前的人员保障机制进行相应的改良、完善以及创新。

从现实角度来看，宏观保障机制的运行具有显著的特征。从纵向角度来看，需要从上至下逐层提供保障，每一层保障措施都需要细化，直至最终在学校得以贯彻执行；从横向角度来看，实现保障需要建立一个系统、部门和单位之间相互协作的蛛网保障体系，如果其中一个节点出现问题，保障就无法有效实现。因此，要掌握这些特点，我们需要从联系与发展的角度来理解保障的作用，需要对每个层次、系统和部门的职能予以明确。同时，为了能够确保高校思政教育有效开展，还需要注意协调各项环节，使宏观保障机制能够正常、有效地运行。

二、微观保障机制及其运行特点分析

微观保障机制是学校向承担思政教育工作的部门、人员提供工作保障形成的相互联系和相互作用，其运行就是这些相互联系、相互作用持续发生的过程。经过长期的理论研究和实践探索，微观保障机制已经形成，并且已经正常有效运行，总体能够为学校思政教育提供保障，具体情况分析如下。

学校普遍重视学生思政教育，能够为教职工开展思政教育工作提供思想保障。因为党中央国务院、各级党委政府、教育主管部门重视大学生思政教育；因为教育法律法规、党政工作条例赋予学校思政教育的职责；因为学校的领导体制和教职工的民主管理，决定了学校必须重视大学生思政教育并为之提供思想保障。思想保障需要通过语言文字体现，在这一方面，所有学校都表现得坚定有力。同时，思想保障还需要通过宣传舆论氛围营造、体制机制建设、思政教育工作队伍建设、教育资源配置等实质内容体现，在这一方面（排除经济等物质条件差异）各个学校是有差异的，也就是说，在实质思想重视和实质思想保障上各个学校是不同的。我们主张形式与内容的统一，摒弃“说起来重要、做起来不重要、忙起来不要”的虚假思想保障。

学校普遍建立了思政教育体制，能够为思政教育提供组织保障。根据调查，学校普遍实行了党委领导下的校长负责制，建立了学校党委、组织部、宣传部、院系党总支、教工党支部、学生党支部，以及学校团委、院系团总支、班级团支部等党团组织，设立了思政教育领导小组、社会科学教学部、学生工作处、心理健康咨询中心、大学生资助中心等行政机构和部门。这些党政组织、机构、部门相互联系，相互作用，共同构成了思政教育组织体系，为思政教育提供了组织保障。但是，由于受思想建设、组织建设、制度建设、队伍建设、经费提供等不同情况的影响，各个学校思政教育体制的功能及其发挥程度是不同的，因而提供的组织保障也是不同的。

学校普遍建立了思政教育制度体系，能够为思政教育提供制度保障。根据调查，学校普遍建立了包括教育法律法规、党政工作条例和自己制定的制度体系，其中包括思政教育的制度和制度体系，为思政教育提供了制度保障。制度保障关联着有制度可依、违反制度必究、执行制度必严。从学校政治理论课教学、学生日常思想教育、党团社团活动、学生社会实践活动、学生心理健康教育与咨询、学生资助工作普遍正常开展的情况看，制度执行的情况是良好的。但是，我们在调查与实践中也发现一些制度科学性不强，制度执行趋向软化的情况，如果对这些情况注意不够，不利于调动思政教育工作人员的积极性，不利于思政教育工作的开展。同时，社会在进步，教育在发展，教学在改革，思政教育在变化，所以制度建设也要与时俱进，要不断修订完善，以提供更加完善的有力的制度保障。

学校思政教育经费有了基本保障。学校普遍将思政教育经费纳入预算，使思政教育经费有了基本保证，但是它仍然存在突出的问题。宏观经费保障机制存在的问题延伸到学校，学校教育经费不足延伸到思政教育。学校以服务经济社会发展为宗旨，以就业为导向，专业教育在学校工作中占据中心位置，所以学校在经费分配时常常偏重专业教育。学校经费是既定的，偏重专业教育，就意味着减少思政教育经费，影响思政教育的正常开展。问题不仅如此，如果偏重过度，进一步挤压思政教育经费，思政教育就难以开展，比如政治课教学班级过大、教师承担教学任务过重、辅导员管理学生人数过多，其效果就很难保证。为此，有必要考虑在财政拨款和学校预算中分别设立思政教育专项经费，以保证在教育经费相对不足的情况下也能兼顾思政教育经费的必要支出，为思政教育经费保障提供长效机制。

微观保障机制及其运行情况总体良好，能够为学校思政教育提供有效保障，但是也存在不足，尤其在经费保障和人员保障方面，需要改进、创新、健全。

三、保障机制建立健全及其有效运行的意义

宏观保障机制与微观保障机制都是保障机制的不同方面，它们相互衔接、相互影响、相互依存。微观保障的前提、基础和依据便是宏观保障。没有党中央国务院、各部委、地方党委政府提供的保障，就不会有学校的保障。而宏观保障的落实与拓展则是微观保障。倘若没有微观保障，则宏观保障也就失去了落脚点和意义。因此，实现宏观保障机制和微观保障机制的完善和有效运作，具有相同的重要性。

工作机制是由保障机制、控制机制和动力机制三部分组成的。保障机制可以受到控制机制的规范和纠错，以确保动力机制的正常运转，并为学校及其各部门和人员提供支持，进而更好地促进工作机制的有效运行和思政教育工作的顺利开展。因此，建立健全保障机制，并使其有效运转，具有着至关重要的作用和意义。

第四节　大数据背景下高校思政教育的评价机制

随着大数据的广泛应用，它所带来的深刻影响和社会作用已经变得越来越明显，从而在生活、工作和思维等方面引发了非常重要的改变。从现实角度来看，高校思政教育评价需要与时俱进，以大数据为基础，建立大数据平台，提高大数

据融合度，实现评价效果的有效使用，以此开启改革之路。

大数据的普及使我们的生活方式、工作方式以及思维模式都正在发生革命性的变化。与此同时，随着大数据技术的广泛应用，高校成为了其重要的应用领域。此外，大数据时代对于大学生的培养、服务、管理模式、价值观念、学习方式和行为习惯等方面产生了深刻的影响。在当代高校中，师生群体所采取的最主要生存方式之一便是“网络化生存”。因此，面对大数据时代的发展需求，我们需要创新高校思政教育的评价方法，建立顺应时代要求的思政教育评价机制，这已成为我们当前必须解决的紧迫问题。

一、大数据时代高校思政教育的特征

随着大数据时代的到来，许多以前无法量化的信息将被转换为数据以进行存储和处理。而伴随着大数据技术的广泛应用，人们对于观察、分析和认知世界的方式正在发生全方位改变，因此，高校的思政教育也具备新的特点，面临着新的挑战。

（一）教育主体多元化

在传统高校中，思政教育通常由思政教育者来担任主要教育角色。其育人格局是以教师为中心，以单向传输为基础。在传统教育的实践过程中，教师通常占据着主体地位，而学生则扮演被动接受教育的角色，处于客体地位。在大数据时代，大数据的平等性思维对高校教育的直线关系——教师与学生之间的“教与学”方式提出了挑战。这种思想使得教师和学生的身份角色发生了巨大的变化，教育主客体的界限也逐渐变得模糊，从而使得教育主体逐渐趋于多元化，教育主客体的地位也逐渐趋于平等。思政教育的主要参与者包括思政教育的教师、教育管理者、辅导员以及学生骨干队伍。现如今，思政教育的主体间关系已经同时形成自下而上以及互动式的多点网络关系，而不再仅是一个单一的自上而下的直线关系。

（二）教育方式多样化

传统高校通常通过课堂、讲座、报告会等形式来开展思想政治教育，以书本、报纸、广播等作为主要媒介。倘若受教育者对高校思政教育只有浅显的了解，则难以使高校思政教育的主要目的得以实现。在大数据时代，借助新媒体技术的普及应用，人们获取信息的形式已然超越了报纸版面、电视时段等的限制，同时也突破了高校课堂、讲座以及报告会等传统话语形式的局限，使得思政教育在时间和空间上拥有了更大的创新空间和教育效果。高校在思想政治教育方面需重视利用新兴媒体，如网络、手机等，并运用数据技术将思政教育内容以简明易懂的文字、图片、视频、音频等多种形式呈现。同时，还需利用多样化的传播方式，例如博客、微博、微信、论坛等，以便及时宣传信息。

（三）教学过程交互性

在传统的思政教育实践中，思政教育者通常处于主体地位，倾向于采用一种控制式或者劝导式的语言方式。在大数据时代，每个人都既是信息传播者，又是信息接收者。在信息传播的过程中，无论是传播者还是受众，都拥有相同的控制权和主动权。每一个个体都应以独特的标识平等地存在，受到平等对待并进行平等交流。在高校的思政教育中，思政教育者和受教育者享有同等的发言权，可以通过自愿、自由的方式进行对话。这种对话方式既不是封闭式的，也不是控制式或劝导式的，而是开放式的，是具有交互性的。这种形式打破了传统课堂的老师以知识为中心的呈现方式，而是让学生参与提出问题，与老师进行双向交流，改变了教育的单向传递模式。

（四）教育空间无边界性

传统的教育形式通常是在学校和教室这样的实体空间中进行的。班级以及授课内容的固定导致信息数据的生成和共享停滞不前。在大数据时代，高校可以利用技术发展基础，借鉴互联网思维的跨界性，并构建开放联合的教育模式，从而促进不同领域的整合，利用多种手段将更多的资源整合为一个全方位的、无边界的高校思政教育育人平台。在大数据这一背景下，教学环境不再仅限于课堂，教育活动不再受时空的限制，阅读体验变得更加碎片化，并且配合手机终端，数据不断地传递和被接收。随着进入大数据时代，接受教育信息的机会大幅增加，教育内容不断深化，灵活的学习时间和广阔的学习空间也为受教育者带来了更多的便利。随着大数据和云计算的推动，教育空间正在向着全方位、流动性的领域转化。

二、大数据对高校思政教育评价的影响

思想政治教育评价采用一定的标准和方法，结合定量与定性的手段对思政教育的过程和结果进行价值评价。它是新时代高校实施针对性思政教育的起点和基础，也是衡量思政教育成效的重要手段。

（一）大数据推动高校思政教育评价范式的变革

在大数据时代，以定性分析为主的传统高校思政教育评价范式已经不适用，需要更多以数据研究为基础的客观评价方式。从现实角度来看，互联网和信息系统终端所产生的海量行为数据为我们深入了解行为特征和掌握思政教育规律提供了真实可靠的数据基础。在互联网这一虚拟世界中，无论评价者还是被评价者，都更加关注个人身份和特质的概念。用户的体验和感受是评价能否有效展开和准确反映问题的关键因素。因此，在大数据时代，高校思政教育评价模式需要进行一定的转变，从以往的主要依靠定性分析为主，向更注重定量分析转移，即需更多地引入数据分析手段，使评价能够在更加具体、可操作的同时，呈现出准确、客观、动态、长效的特点。

（二）大数据扩大了思政教育评价的范围

随着大数据时代的来临，思政教育评价主体产生了极大变化，呈现出了“多主体”共同存在的状态。现在对思政教育的评价不再只是由思政教育者独自决定，而是考虑更多不同角度的观点。学生对教学、管理、服务进行评价，同时，教师也会对学生进行评价。他们互相影响、互相制约。需要强调的是，教育评价应该考虑更广泛的内容，包括课程、教师、学校等对教育活动产生影响的因素，而不仅仅局限于学生。

（三）大数据使思政教育评价更加精细化

过去，高校思政教育的评价方式通常是通过与学生代表进行谈话或抽样调查等方式进行的。评价结果往往仅基于部分学生的言行举止，无法准确反映整个大学生群体的思想情况。在大数据时代，学生在互联网平台上表达自己的声音更加真实。将其足迹数据可视化呈现能够展示抽样调查无法获取的全部信息，使人们更加清晰地了解整个情况。这为我们更好地了解大学生行为背后的思想观念提供

了机会，有助于我们精准地制定思政教育方案，从思想教育方面对大学生的思想与行为进行正确引导。

（四）大数据奠定了思政教育评价科学化的基础

思政教育评价是以思政工作客观事实判断作为基础所作出的价值判断。长期以来，如何客观地收集来自课堂、作业、师生或者生生之间互动的信息已经成为科学评价思政教育的一个难点。随着大数据时代的到来，这个问题得到了迅速解决。现如今，互联网和移动互联网的广泛应用，各种电脑和移动设备不断记录着人类的思考、决策和行为，因此，我们可以通过这些记录来了解每个受教育者在思政教育活动中的微观表现。评价者可以利用这些数据来发掘与学生习惯、学习模式和兴趣等方面相关的信息，并根据数据所揭示的特征进行进一步分析，以此为思政教育的评价奠定坚实基础。

三、大数据时代高校思政教育评价的变革之路

（一）树立大数据思维

大数据作为一个备受瞩目的技术，首先起源于人们通过长期的网络实践对传统教育理念的改造和创新。在大数据时代，我们需要采用互联网、大数据、全媒体等新思维，借鉴商业领域的战略性和市场化思维来评价思政教育，拓展传统教育评价方式，提高思政教育的实效性。随着科学技术的不断进步与发展，高校思政教育工作者需要提升大数据素养，重视并积极进行高容量、多维度数据的收集、储存、处理和分析，让数据尽可能地发挥作用，为提高教育的针对性提供准确可靠的数据支持。同时，利用大数据技术探究学生思政教育的深层次规律，以此指导和改进思政教育工作，使大学生思政教育的质量能够得到切实的提升。

（二）建立大数据平台

利用大数据技术，可以将网络思政教育转化为思政教育网络，并更好地把握大学生思想行为的特点和规律。这为科学有效地开展思政教育评价提供了基础。因此，高校需要创建一个能够收集学生思想和行为数据的信息平台，以便为思政教育的评价提供便利通道。更具体地说，其一，我们需要加强教育硬件设施的建

设，以打造一体化的教育大数据平台。这个平台主要由数据层、平台层、应用层和服务层组成，旨在汇聚和整合教育领域的大量数据资源。借助这个平台，我们可以收集师生思政教育的教学课题、开放式网络论坛、社交媒体和日常管理服务等各个方面的数据。其二，组建跨部门、跨专业的大数据应用团队，致力于大数据应用研究。学校在满足不同需求的前提下，成立数据采集组、数据分析组和数据应用组等不同的项目团队，以构建一条“思政教育链”，即“数据平台—职能部门—教师或辅导员—项目组数据分析—可视化呈现—教育引导对策”。

（三）提高大数据融合度

大数据时代思政教育评价与传统思政教育评价的主要区别在于实现互联网技术与思政教育的深度融合，产生思政教育数据化思想。

第一，以学生个体或群体的知识层面和价值观念为依据，进行分类，然后利用大数据分析和可视化技术，以问题为导向，呈现“学生画像”。

第二，从五个维度即学生知识、能力、人格、心理和生活出发，利用即时、多维度、可视化的手段来描绘学生的特征，从而使得学生在思政教育学习和日常管理上的“精准画像”能够得以实现。

第三，利用大数据技术建立网络舆情搜集与筛选的系统，为学校教师和学生提供畅通的网络表达渠道，并建立归因机制，对网络舆情进行分析。

第四，以大数据的应用机理作为依据，利用大数据进行舆情监测和分析，开发出新产品，将教育融入生活学习中，并注重在教育引导中潜移默化的影响力，使产品更具体验性、趣味性。

（四）以评促用

1. 加强舆论舆情引导，牢牢把握网络意识形态领导权

通过对学生的网络行为进行大数据分析，我们可以深入了解到学生的思想特征、兴趣热点以及多维度的实际需求，进而对于课程设置的功能进行充分利用，使社会主义核心价值观教育的实际效果得到提升。最后，通过运用大数据分析和研究学生的言论特点以及对于走势进行预测，提前制定思想引导的策略和方案，最大限度地提高思政教育的针对性和实效性，从而在高校意识形态的领导权、主动权和话语权方面取得牢固把握。

2. 以建立学生发展档案为旨归，考量思政教育实效性

高校思政教育研究依赖于学生大数据平台作为其基础设施以及手段。高校可以利用大量的学生信息进行再分析和应用，从而建立具备个性化的立体档案，以更好地了解学生的成长需求，尊重学生的成长差异，切实做到因材施教，从而使学生获得社会的关注并不断实现自我价值。与此同时，高校还应当充分利用大数据平台的查询、统计和分析等功能，以深入了解学生的兴趣、行为模式和思想态度等方面的特点，并通过研究学生群体的发展趋势，总结规律，为制定高效的思政教育策略提供有力的支持。

3. 发挥大数据优势，开展个性化教育

高校思政教育者可以通过分析数据之间的相关性来了解、预测教育对象的思想、学习、工作和生活状况，从而有针对性地开展个性化的教育。比如可以使用学校网络中心的后台系统来自动监测学生的网络浏览习惯，包括网页类型和使用时长，通过数据收集和分析，可以预测学生的网络生活方式是否健康，并及时为学生提供合理的网络生活方案。此外，还可以利用学生的“一卡通”系统，通过大数据平台对学生的“校园活动轨迹”进行分析，了解学生的就学、生活情况，并及时了解和关注学生的实际情况，以便有针对性地帮助他们解决实际问题，开展个性化的思政教育。

总而言之，在大数据革命的背景下，思政教育也展现出全新的面貌。高校思政工作之所以能够不断深入推进，原因在于高校思政教育考核评价机制为其提供了有力的保障。基于此，我们需要积极拥抱“大数据时代”，并利用其力量来推进思政教育评价的创新发展。这将有助于推进高校思政教育的理念、模式、方法和实践的创新，从而为高校思政教育的进步与发展提供新的动力和空间。

第四章　高校思政教育的路径拓展

本章主要介绍高校思政教育的路径拓展，主要从四个方面进行了阐述，分别是强化新时期高校思政教育的主渠道、建设新时期高校校园文化建设的小环境、开拓新时期社会实践活动的大课堂、用好新时期网络思政教育的新手段。

第一节　强化新时期高校思政教育的主渠道

高校思政教育的主渠道是思政理论课，这类课程承担着对大学生进行系统的马克思主义理论教育的任务，主要通过课程教学的方式，引导、帮助大学生坚定理想信念，树立正确的世界观、人生观和价值观，是社会主义大学本质特征的集中体现。

一、强化新时期高校思政教育主渠道的必要性

高校思政教育主渠道建设凸显了社会主义大学的本质，在本质上社会主义大学与资本主义大学是不同的。大学生的思政素质的培养需要高效的思政教育，其中思政理论课是主渠道，思政理论课通过教学发挥育人的功能，体现了社会主义大学的本质要求。

（一）保证高等学校社会主义办学方向的需要

大学是传播知识、培养人才的基地，必然要为国家的建设服务。国家的性质决定高校办学的基本性质。因此，为了保证高校办学体现国家性质，体现社会主义办学方向，就要开设具有政治性质的课程。中华人民共和国成立之初，党和国家就对当时的教育性质和主要任务作出了明确的规定。在具有临时宪法性质的《中国人民政治协商会议共同纲领》中就规定："中华人民共和国的文化教育为新民主主义的，即民族的、科学的、大众的文化教育。人民政府的文化教育工作，

应以提高人民文化水平，培养国家建设人才，肃清封建的、买办的、法西斯主义的思想，发展为人民服务的思想为主要任务。”[①] 这就为高等学校的办学指明了方向。

为确保我国社会主义的办学性质，党和国家采取了许多措施，其中一项重要措施，就是在大学开设马克思列宁主义的政治课程，政治理论课是社会主义高等教育的重要标志，是培养又红又专人才的重要保证。为了保证思政理论课教学工作的顺利开展，以发挥其在保证社会主义办学方向上的重要作用，教育行政部门还把系统的马列主义政治理论课的教学作为“一切专业教育的基础”，渗透于各专业中，思政理论课成为所有在社会主义大学就读的大学生的必修课程。

思政理论课在保证高等学校的社会主义办学方向、体现社会主义的本质要求方面发挥重要作用，除了开设思政理论课外，还体现在人才的思政素质培养。我国坚持把大学生培养成为德智体美全面发展的社会主义合格建设者和可靠接班人的方向从未改变，高校思政理论课发挥着培养与之相适应的思政素质的重要作用。这一作用的发挥，就是通过教学的方式，使学生逐步完整和准确地学习和掌握马列主义、毛泽东思想、中国特色社会主义理论体系，树立正确的世界观、人生观和价值观，能够用马克思主义的基本原理去研究新情况、解决新问题，能够在走上工作岗位后坚持为社会主义现代化建设服务。

（二）推进马克思主义大众化的必然要求

在高校，通过思政理论课这一主渠道加强大学生思政教育，是大力推进马克思主义大众化的必需方式。因为“马克思主义既是我们党的思想理论基础，又是我们制定教育路线、方针、政策的根本指导思想，是我们坚持社会主义办学方向的思想保证”。[②] 通过思政理论课，帮助大学生系统学习马克思主义理论，树立正确的世界观、人生观和价值观，这是推进马克思主义大众化在社会主义大学必做的工作。

重视推进马克思主义大众化，是中国共产党的优良传统。“马克思主义理论

① 中国人民政治协商会议长沙市岳麓区委员会．中国人民政治协商会议共同纲领 [EB/OL].（2021-12-29）[2023-07-22].http：//ylzx.yuelu.gov.cn/1886676/gwzl/zdhb/202112/t20211229_10419887.html.

② 黄蓉生，陈跃．邓小平教育思想教程 [M]．成都：四川人民出版社，2002.

教育是高等学校一切思想政治教育的基础。”[①] 青年大学生通过思政理论课学习马克思主义主要有两个方式，一个是在专业课程和文化素质课程中，将马克思主义理论渗透到教学中，以潜移默化的方式对学生进行教育；一个是开设专门的马克思主义教育课程。

马克思主义大众化要注意其“化”的对象的特殊性，思政理论课要承担马克思主义大众化的任务，需要对学生面临的实际问题释疑解惑。青年大学生有着较高的知识文化水平，对于各种理论有着自己的判断。因此，把握青年大学生的思想特点，注重青年大学生的接受心理，是上好思政理论课程的前提。要抓好思政理论课程建设，务求教学理论能满足大学生健康成长的需要，增强思政教育的实效性。

（三）占领大学生意识形态领域主阵地的必经渠道

坚持社会主义办学方向，必须占领高校意识形态领域的主阵地，思政理论课是占领主阵地的必经渠道。中华人民共和国成立以来，意识形态领域的斗争就一直存在，改革开放以来，和平与发展成为时代的主题，综合国力的竞争成为各国竞争的主要内容，但意识形态领域的斗争并没有因此而退出历史的舞台，而是表现得更为隐蔽，更为复杂。对外开放也为各种社会思潮的涌入提供了便利。在高校这块学术相对自由、思想碰撞比较集中的地方，各种思潮的涌动和影响更为明显。大学生是青年的主力军，正如毛泽东所说的那样，“青年是整个社会力量中的一部分最积极最有生气的力量。他们最肯学习，最少保守思想”。[②] 但相对来说，大学生在人生经验和政治经验方面存在不足之处，因此容易受一些错误思想的影响，为此，要加强大学生的思政教育工作。毛泽东曾给周恩来等写信指出：“大学、中学都要求加强思想、政治领导和改进思想、政治教育，要削减课程，要恢复中学方面的政治课，取消宪法课，要编新的思想、政治课本，要下决心从党政两系抽调几批得力而又适宜于做学校工作的干部去大、中学校工作，要赋予高等教育部和教育部以领导思想政治工作的任务。”[③] 可见，毛泽东充分肯定了思政理论课

① 教育部社会科学司. 普通高校思想政治理论课文献选编（1949–2008）[M]. 北京：中国人民大学出版社，2008.

② 共青团中央. 毛泽东邓小平江泽民论青少年和青少年工作 [M]. 北京：中央文献出版社，2000.

③ 共青团中央. 毛泽东邓小平江泽民论青少年和青少年工作 [M]. 北京：中央文献出版社，2000.

程的重要性。

改革开放后，各种思潮先后传入中国，在不同程度上影响着青年大学生的思想。不可否认，有一些思潮对于国家的改革开放和社会主义建设以及青年思政素质的培养有着积极的作用和可取的地方，但也存在许多错误的、给社会主义建设和思政教育带来负面影响的思潮，有些思潮的影响甚至非常广泛和深刻。因此，加强思政工作势在必行。要占领高校意识形态主阵地，必须充分发挥课堂教学在大学生思政教育中的主导作用，要按照体现当代马克思主义最新成果的要求，全面加强思政理论课的学科建设、课程建设、教材建设和教师队伍建设。

总而言之，改革开放以来，作为大学生思政教育主渠道的思政理论课在坚持社会主义办学方向、推进马克思主义大众化工作和抵制错误思潮的侵袭、占领意识形态领域主阵地方面发挥了重要作用，充分体现了社会主义大学的本质要求。

二、新时期高校思政教育的主渠道建设现存问题

（一）思政理论课不受领导重视

长期以来，学校、家长、社会对专业教育很重视，而对思政教育重视却不够。尽管我们一再强调德智体美全面发展，把德育放在首位，但在做的时候，往往没有真正重视起来，对其投入的人力、物力、财力不够。目前对学生考核评价的标准，仍然主要是看专业素质、业务素质，对思政素质的评价往往比较笼统。其实，在大学生的综合素质的评价结构体系中，思政素质居于主导地位，是一个人的灵魂。如果我们只注重智育的开发，忽视道德塑造，不着眼于人的全面发展，那么我们培养出来的人将可能是有智商而没智慧，有知识而没文化，有文化而没教养，有目标而没信仰，有欲望而没理想，有青春而没热血，这是多么可怕而可悲的事情。

（二）教师队伍素质有待提高

在思政理论课教学过程中，教师是教学活动的设计者、组织者和主导者，其业务素质、思政水平、理想信念状况、主体意识等方面都关系到课堂教学的实际效果。教师是否以高昂的热情和积极的态度投入教学，是否具有坚定的马克思主义信仰，是否具有科学的认知方式和教学方法，这都会对课堂教学实效性产生直

接影响。改革开放以来教师总体素质明显提高，但主体性不强、素质不高的现象仍较为普遍地存在，制约了课堂教学的有效性。

高校思政理论课教师的自身素质有待提高。高校思政理论课不是纯知识的传授，而主要涉及价值观和行为选择，因此要求教师要有较高的素质。就目前高校思政理论课教师队伍的现状而言，存在着许多半路出家、脱离原专业从事思政教育的现象，教师暂时从事思政教育而没有长远打算，科学理论功底相对不足。而且由于许多高校思政理论课教师数量少，没有达到国家要求的 1∶400 的比例，教学任务十分繁重，没有更多的时间和精力用于备课、科研和深造或培训，影响了理论素养的提高。

思政理论课教师的主动性低也对课堂教学实效性产生不利影响。在高校教师队伍中，思政理论课教师相对于其他专业教师而言，地位较低，部分教师对自身角色定位不准，仅视自己为“教书匠”，看低自己从事的教学工作，主体意识不强，教学热情不高，不能自觉地以主体身份和责任意识开展教学工作，有的甚至对课堂教学消极应付，敷衍了事。因此，从思政教育者的主体性视角考察，教育者主体性意识不强、能动性作用发挥不恰当是造成思政教育有效性缺失的直接原因。

（三）教材建设有待深化

马克思主义发展到今天，内容已十分丰富，因此，在设置思政理论课课程体系时，既要顾及马克思主义的基本理论，又要说明每一时期马克思主义中国化的具体内容都不能忽视，从而造成了课程体系十分庞杂。思政理论课由最初的三门课，发展到后来的八门课（指 1998 年课程设置方案），每门课都变成了重点，各门课的课时也基本平均分配，因而导致了思政理论课课程体系的中心不太明确。而每一门课都强调自己的专业知识的完整性和讲授灌输的满负荷性，并且自成体系，使相关内容的纵横关系缺乏协调，导致了某些课程内容的重复。同时，思政理论课的相关教材对许多仍然具有现实合理性的原理和观点，缺乏应用新视角、新方式进行强有力的表述；对许多反映现实变化和面貌的新原理、新观点，没有及时地、普遍地采纳；新兴学科、交叉学科、边缘学科的知识，远远没有得到合理地、充分地运用，这又导致了课程内容与学生以前的中学课程内容“撞车”。教材反映理论和实践的最新发展的力度不够，尤其是难于及时回答在社会急剧变革进程中大学生普遍关心的热点、难点和深层次问题，难以解释日常生活中备受关注的民生问题，不能有效地解决思政理论课的“供给”同大学生成长“需求”之间的矛盾，按照这样的教材授课，自然会使思政理论课的教学缺少吸引力、针对性、启发性和实效性。

（四）教学方法陈旧

教学方法的创新是影响思政理论课教学实效性的关键。在目前已经有了全国统编教材的情况下，要想高质量上好马克思主义理论课，改革教学方法、讲究教学艺术显得尤为重要。所有教学方法，其前提和出发点必须是贴近学生，贴近学生的生活实际、贴近学生的需求、符合学生的思想特点。目前有的思政课教师不能做到把“马克思主义理论”“科学发展观”“小康社会”“社会主义和谐社会”这样的大道理同大学生的人生理想、自我价值、社会价值的小道理结合起来，不能把对现代社会激烈竞争的诠释与对大学生的迷茫、困惑的引导和解答结合起来，因此，学生感觉不到上课内容与自己关注的内容息息相关，课程远不能满足学生的需求，不能真正走进大学生的心灵，自然也就失去了吸引力，无法具备打动学生的魅力。

多年来，思政理论课教学方法保守、形式单一，仍然是教师为主体的单向灌输式模式，师生之间的交流与互动不够，“我讲你听，我教你学”的单边教学活动依然存在，学生处于被支配的地位，往往只是被动地接受和消极应付，学习的积极性不高，主动性也没有被充分调动起来，创新思维和探索精神得不到充分发挥，即使教师滔滔不绝地讲解，听之者也是寥寥无几。“这种机械刻板式的教学方法显然无法培养人的全面的整体素质，更不利于开发学生的创造潜能。”[①] 而且，一些理论课教师在授课过程中往往摆出一副尊贵者、权威者、训导者的架势，不利于营造融洽的师生关系和活跃的课堂气氛。

思政理论课教学方法亟待创新，教学理念亟待调整。应当注重教会学生思考的方法、提高学生思考的能力，只有以这样的教学理念为指导，才能真正做到在课堂教学中注重教师与学生的互动，既充分发挥教师的主导作用，也充分尊重学生的主体地位，以问题统领课堂，引导学生提出问题、思考问题、解决问题，全面提升学生的批判思维水平和关注现实的能力。教师语言的运用、情感的交流、

① 张雷声．新时期思想政治理论课教学方法探讨 [M]．北京：高等教育出版社，2006.

营造课堂氛围的能力也是非常重要的。而情境教学、体验教学、模仿教学等方法的创新也会直接影响教学效果。所有教学方法都必须根据教师自身特点和优势去进行创新，形成独特的个人风格，这样学生才能喜欢老师，才能由欣赏教师的人格魅力、折服于教师的才华，到喜爱课程本身。由对教师的接收到对课程的接受，教学质量自然会得到提高，而教师应充分发挥主观能动性以实现这一转换。

三、强化新时期高校思政教育主渠道的路径

（一）各级各部门领导要在思想上重视思政理论课

开设思政理论课的真正目的不在于让学生学到多少具体的理论知识，而是让这些知识、思想内化为素养，使学生树立正确的世界观、人生观、价值观、道德观和法治观，成为社会主义事业的合格建设者和可靠接班人。因而，高校的领导除了重视学生专业技能的培养外，更要从思想上高度重视学生的健康成长，把思政理论课真正作为重点课程、龙头专业来抓，在保证学分课时的同时，更注重教学质量。基本的做法包括如下方面。

第一，把思政工作纳入学校改革发展的总体规划中去，要在组织上保障思政理论课教学工作的顺利进行。强调学校党委的统一领导，加大对思政理论课的财力和物力的投入，尽可能为学生的思政教育创造良好的条件。

第二，教学执行运作管理层次，包括教务处、思政理论课教学管理单位和教研室。教务处负责思政理论课教学计划的安排，监督、检查教学效果，协调思政理论课教学单位和其他专业教学单位的关系；思政理论课教学管理单位应是独立的，直属学校领导的机构，负责统一管理思政理论课教师队伍建设与学科建设，全面履行思政理论课教学的组织和管理职能；思政理论课教研室具体实施课程教学计划以及组织备课、听课与讲课，抓好思政理论课课程建设与教学改革，包括机构设置、学科地位和领导听课等三级指标。

第三，大学生思政教育主管部门和相关教育科研机构要加快教材的编写及教学方法改革的研究。

（二）建立一支高素质的“思政理论课”专职教师队伍

作为思政理论课教师，要有效地教授马克思主义理论，树立中国特色社会主

义的坚定信念，树立正确的政治观点和价值观念，关键是自身要有坚定的政治立场和科学的世界观、人生观与价值观，要对所教的理论“诚信之，笃教之，躬行之”。这就要求思政理论课教师的政治思想素质、科学文化素质、教育教学能力等方面都进一步提高。思政理论课教师要发挥好教书育人的作用，坚持用发展着的马克思主义武装大学生，始终保持教育教学的正确方向；坚持理论联系实际，贴近实际、贴近生活、贴近学生；坚持开拓创新，不断改进教育教学的内容、形式和方法，力争在几年内，使高等学校思政理论课教学状况有明显改善。

（三）改革课堂教学方法

通识教育要求课堂教学必须突破以注入式、灌输式为特征的传统方法，倡导启发式、参与式、互动式、研究式的教学，凸显学生的主体地位，以利于充分调动学生学习的主动性和积极性，真正实现开发和培养个体能力的目的。新型的课堂教学方法有很多，在此主要介绍以下几种。

1. 团队授课法

团队授课法是指一门课程由多个教师共同承担教学任务的一种教学方法。鉴于一些课程涉及多学科的理论知识和研究方法，因此课程的教学可以突破以往由一位任课教师主讲的形式，改由教学团队负责实施。在课程实施前的准备阶段，教学团队通过为期半年的多次集体备课、试讲，统一对教学目的、课程内容的认识。在教学过程中，各位教师集中精力就其主讲内容充分发挥自身特长，使学生从一门课程中能够了解不同学科的知识，有效拓宽学生的视野，并培养其跨学科研究和学习的意识。

2. 情境教学法

情境教学法是指在课堂教学条件下，根据教学内容的实际操习和训练需要，创设以模拟真实情况为主要特征的人为情境，让学生扮演情境中的不同角色、从事指定的活动，以达到预定教学同标的一种教学方法。情境教学法在将理论知识转化为学生相应的能力方面取得了良好的效果。

3. 案例教学法

案例教学法也称实例教学法或个案教学法，是指在教师的指导下，根据教学目标和内容的需要，采用案例组织学生进行学习、研究的方法，一般由精选案例、呈现案例、分析讨论、总结陈述四个阶段构成。采用案例教学法不仅可以丰富课程内容，增强课堂教学的生动性，更重要的是可以通过创设一个良好的宽松的教学实践情景，把现实典型问题展现在学生面前，让他们设身处地地去思考、分析、讨论，对于培养学生的创新能力和分析、解决问题的能力成效明显。

4. 活动教学法

活动教学法是指在教学中通过学生主体活动和主动探索，发展学生整体素质的一种新型教学方法，它主张构建一种以实践性、亲历性、体验性为特征的教学体系，让学生走出课堂，走向自然、社会，并在考察、调研、实验的过程中应用知识，感悟人生，积累经验，以此来获得能力的整体发展。

（四）创新理论课教学内容

好的教学内容是提高课堂教学实效的基础，只要内容是大学生应当听的、想了解的、和社会生活实践密切联系的、对社会生活实践有直接的指导作用的，它的效果就应当是显著的。具体而言，教学内容的创新，应该立足于以下两个方面。

第一，以教材为纲，教师灵活使用其内容，突出重点和难点。教师要准确把握教学内容的重点和难点，以大学生的现实思想为依据，以理论内容的重点和难点为轴心，充分利用现实材料去进行有理有据的讲解，讲好重点、讲透难点。另外，教室要准确把握社会中的热点问题，并以此为根据，在保证使用教材系统性、完整性的前提下，充分利用课堂内的有限时间，灵活合理地取舍教材内容，及时地为学生作出有力的说明。

第二，必须及时更新教学内容。思政理论课必须与国内外形势紧密联系，只有这样才具有生命力，这是它不同于其他学科的特点。国内外形势是不断变化的，而教材的出版却有一个周期，思政理论课的教材具有相对稳定性，这就要求教师跟上时代发展的脚步，不断调整、补充教学内容，使教学内容富有时代精神和时代气息。

第二节　建设新时期高校校园文化建设的小环境

校园文化在培养大学生德智体美等方面具有非常重要的作用，它与课堂教学是一个相互呼应、相互渗透、共同作用的教育过程，是课堂教学的补充和延伸。

高校应努力建立起一套完整的、全方位的校园文化体系，有计划、有步骤地开展适应思政教育的校园文化建设，为大学生思政教育的全面提高营造一个全新的空间。

一、建设高校校园文化小环境的基本原则

校园文化是我国高校传承与开拓的助力剂，在高等教育中发挥着积极而重要的作用。建设优秀的校园文化是一项系统工程，要坚持符合我国高等教育的方针与政策，也就是既要在时代主旋律的指引下，注重多样性的延伸，也要把精神与物质加以协调统一，既要在积淀传承与创新发展中找到共同促进的平衡点，更要在立足国情特色的基础上，拓宽视野，面向世界。建设新时期高校校园文化建设的小环境要遵循以下几个基本原则。

（一）坚持主旋律与尊重多样性相统一

大学是传承、创新和发展人类文化的重要场所。大学既肩负着传承和创新知识的重任，同时，也拥有着守望和熔铸人文精神的崇高使命。而实现这一使命的必经之路就是加强校园文化建设，这也是高校精神文明建设的重要基础与重要前提。

高校需要创造一个文化层次相对较高的校园环境，更好地传承大学精神，以培养广大青年学生的良好思想道德品质。校园文化建设必须坚持正确的政治方向、价值导向和审美旨向，贯彻党的基本路线和教育方针，高扬社会主义、爱国主义和集体主义主旋律。

当今社会处于文化井喷时代，各种类型的文化层出不穷，它们相互交融并得以发展。随着这种趋势，社会发展必将呈现出更大的开放性和适应性，文化多样性将是一种必然趋势。历史无数次证明，保守和封闭只能走向停滞和僵化，建设高水平的校园文化必须使校园与社会联网结合，走开放之路，尊重主体多样性的发展。

当然，尊重校园文化多样性也不等于忽视主旋律建设的精神引领作用。文化主旋律和文化多样性是相互促进的关系，也就是必须坚持主旋律与尊重多样性的统一，这才是对校园文化建设应该持有的态度。

1. 主旋律建设是校园文化应有的根基

健康向上的文化使人获得知识、陶冶情操、健康成长。因此，搞好校园文化建设有利于大学生思想道德素质和科学文化素质的提高与完善，扩大到整个社会，搞好校园文化建设是社会建设和精神文明建设的重要组成部分。同时，校园文化也表明一所学校独特的风格和精神，是联系协调学校人际关系的纽带，是学校的形象和灵魂。校园文化对于整个高校的发展来说具有一定的引领作用，其建设无疑需要有坚实的精神基础、高端的思想起点、聚力的发展导向，需要一种强大的文化建设风向标。精神基础、思想起点、文化风向标无疑就是校园文化的主旋律。

2. 文化多样性是校园文化的殷实土壤

作为一种区域性的亚文化，校园文化会受到来自社会主流文化以及高校办学特色的影响。因为不同地区的文化不同，以及各所高校所具有的不同办学特点，各大高校的校园文化呈现出了多样性特征。首先在内容方面，各高校校园文化的心理和价值取向、风俗礼仪和伦理制度都各不相同。其次在形式方面，各高校校园文化只有不断更新其形式，保持新鲜感，才能持久引起学生的兴趣。校园文化活动内容、形式要多样化，既要融思想性和知识性于一体，又要具有娱乐性和实践性。因此，高校校园文化的多样性要在坚持主旋律的旗帜引领下，从校园文化内容和形式着手加以建设。

（二）坚持积淀传承与创新发展的统一

文化是历史形成的。不经过一定的历史积淀和传承，文化的优秀品质难以体现。在大学长期的历史发展过程中形成的文化传统意识，是现代校园文化的宝贵组成部分。这种文化传统意识具有顽强的生命力，能够帮助大学抵御困难并谋求发展。它是大学的灵魂，也是整个大学精神和氛围的集中展现。这种文化传统意识是大学生存的根基，是大学可持续发展的重要精神动力所在。因此，它对于稳定大学的风格以及水准起着非常重要的作用。

大学得以持续健康发展的推动力源自优秀的高校校园文化。高校校园文化的建设与创造，既是一个继承、借鉴、创新的综合过程，也是一个德育与智育、科学与价值以及人与人相互作用、相互促进的复杂过程，需要精心构建，要在理念上精心提炼，在实践中长期培育。传承高校的特色与优势文化依靠学校师生的共同努力与不懈创造。

（三）坚持立足国情与面向世界的统一

呼唤面向世界和未来的校园文化创新已成为全球高等教育发展的一大潮流。面对经济全球化的挑战，校园文化不能回避，而应积极主动地融入世界大潮之中，通过与大风大浪的搏击，使自己的羽翼逐渐丰满，从而实现国际化与民族化的统一，实现自身的完善和发展。

1. 坚持立足国情与面向世界的统一是校园文化发展的基本要求

在长期的发展历程中，校园文化逐步形成了自身的特点，这些特点又反过来对校园文化的发展提出了更高的要求。

（1）校园文化的特点决定了其发展必须坚持立足国情与面向世界的统一。首先，校园文化是开放的。特别是在对外开放的程度和范围都迅速拓展、对外联系不断加强的今天，校园文化也要全面融入世界文化之中，其开放性更为突出。校园文化成了中西文化的一个重要交汇点，已处于一个全方位的开放环境中。面对西方文化的大量涌入，校园文化显然不能重蹈“闭关锁国”的覆辙，而应积极主动地打开校门，把西方文化中先进的、积极的东西请进来，营造出校园文化发展的国际化氛围。

②校园文化的内容要求其发展必须坚持面向世界与立足国情的统一。社会存在决定社会意识，当社会存在发生一定改变时，社会意识也需要随之进行调整和发展，以适应新的社会现实，进而促进社会的和谐与稳定。校园文化作为一种社会亚文化，也要受这个规律的支配，受社会存在尤其是校园现实的决定影响。随着社会的不断进步与发展，校园文化也在不断发生着变化。为了能够更好地适应时代发展的要求，校园文化的内容需要不断进行更新、创新。特别是在当今这个科技迅猛发展、社会变化日新月异的时代，一系列的思想观念、精神意识应运而生，竞争、合作、时效、诚信、创新等已成为社会客观存在的现实或人们广泛追求的目标。校园文化的发展更应该坚持立足国家发展需要与吸收世界先进文化的统一。立足国家发展需要，在校园中创设为祖国建设服务的思想氛围；吸收世界先进文化，在学生学习和生活中建立争当优秀的理念，把学生教育放在世界舞台之中，和当今世界最先进的技术和文化进行比较，激励学生努力学习。

2. 校园文化对面向世界与立足国情的应有态度

面向世界和立足国情是校园文化发展的要求和方向，它们也是对立并存的。只有端正了对它们的认识态度，人们才有可能将其作为一项原则去贯彻实施。

从根本上说，对待面向世界和立足国情的态度是与我们对外来文化和传统文化的态度完全一致的。对外来文化和传统文化，校园文化的基本原则是采取分析、辩证的态度，积极利用其合理成分，并结合具体情况加以批判继承、消化吸收。因此，这也是我们在看待面向世界和立足国情时的总方针。但长期以来，校园文化在实际发展中，易偏离或忽视了这个方针，凭主观臆断，感情用事，这是制约校园文化发展的重大问题。

二、建设新时期高校校园文化的途径

（一）充分发挥教师群体的主导作用

校园文化是群体文化，需要群体中的个体参与建设来产生频率的共振，发出强音。良好的校园文化氛围形成仅靠学生活动是不够的，需要学校领导、教师的共同努力。调动起每个个体参与校园文化建设的主动性与兴趣是教育者引导校园文化建设的基础。

校园文化是由教育者和被教育者共同参与创建和分享的，以校园为空间背景，围绕教学活动和校园生活展开。校园文化系统的主体是学生，教职员工扮演着引领学生的角色，校方领导则发挥着倡导者的作用。他们以各自不同的文化身份，各自创造并贡献着独特的文化，成为校园文化不可或缺的组成元素。他们都以自身独特的方式对校园文化建设产生着不同的影响。在大学校园中，校园文化中的主要创造者和传播者是大学教师。相比之下，大学教师这一主体比学生更加稳固、更加坚定。他们不仅是学校理念的倡导者，更是实践者。另外，大学校园的文化还塑造了教师团队。在大学的文化氛围和环境中，教师会受到不断的熏陶、同化、浸染，从而使得自身的思维方式、行为方式、情感方式以及价值判断等方面都具有了学校文化的传统特征。这种文化影响和引导教师的个人成长，同时也影响和推动学校文化的发展和创新。从现实的角度来看，教师的为人师表、行为示范等，对学生和整个校园而言，都有着至关重要的作用。因此，我们要注重发挥教师在校园文化建设中的积极作用。

（二）重视校园文化的个性培养

文化需要长期积淀，也需要有意识地培育，其中，凸显个性是校园文化培育的一个重点。有个性的大学是高等教育一道亮丽的风景，比如牛津和剑桥齐名，相比之下，牛津雍容富丽，具有王者风范，而剑桥则以幽雅的韵味著称，宛若诗人风骨，这就是其各自不同的校园文化。一所好大学能给每个学生的身上都打上烙印，包括气质、性格，甚至到举手投足。

（三）加强校园文化品牌建设

2006 年以来，教育部每年举办高校校园文化建设优秀成果评选活动，全国高校纷纷打造五彩缤纷的校园文化品牌，比如北京大学的校园原创文艺发展、清华大学的毕业文化建设、四川大学的“四馆一廊”（校史馆、博物馆、自然博物馆、美术馆、历史文化长廊）建设、武汉大学的师德载体创新等等。这些品牌虽然各不相同，但是有两点是共通的，那就是都体现学校的传统和特色，传统是指能长久坚持、形成积淀，特色是指能立足自我、别具一格。品牌是一种影响力和号召力，在校园文化建设中应该始终坚持走品牌路线，不断增强品牌的实力、专业度以及持续发展性。

（四）增强学生社团活力

社团是大学生人文素质教育的新载体，是进行自主性教育的新平台。以兴趣为纽带组织开展的社团活动越来越成为校园文化建设的重要组成部分。作为校园文化的主力军，学生社团撑起了校园文化的半边天。社团以其特有的魅力、多样的活动建构起大学生感悟传统与现代、民族与世界、校园与社会的自由灵动的新型空间，充实学生课余生活，培养学生爱好兴趣，陶冶学生思想情操，引导学生积极投身社会实践，提高学生专项技能，同时在发挥高校作为文明源的文化辐射方面具有重要的作用。

第三节　开拓新时期社会实践活动的大课堂

大学生社会实践是人类实践活动的重要组成部分；是大学生在学习过程中学习知识、理论联系实际的应用与创新的活动；是在成长成才过程中改造主观世界、促进自身全面发展的活动；是在走向社会过程中与生产劳动和人民群众相结合的，适应社会、承担社会责任的活动；是大学生思政教育工作的重要载体。

一、我国历史中的社会实践

在我国的传统文化中，知行观在思想境界或是实用价值上都有其卓越之处。孔子有“生而知之”和“学而知之”的知行观，当时社会处于频频战乱之中，某一社会个体的生存价值绝大部分是由其蒙昧的实践观、原始的实践能力所决定的。身强体健的勇士是那个时代当之无愧的英雄。

孔子之后是一个社会个体追求知行观的漫长历史时期。无论是“格物致知”“学而知之”还是“君子观”，都是为了实现将知识和行动融合在一起的理论形式，都是为了扬弃蒙昧的实践观。古代中国的伟大思想家们通常更倾向于将认知与行为相协调，也就是我们常说的“知行合一”，但这种协调与合一的落脚点是在行为的社会实用性或经世致用之上，而不是在知性之上。

自宋明以后，人们开始将个人作为主体，对于知行的先后、分合、轻重、难易等问题进行了广泛深入的探讨，这形成了中国古代知行观的范式。在朱熹的知行观中，更强调了知难行易的观点，同时，其也强调了知先行后的重要性，与传统的知行观是存在着明显的差异的。明代王守仁率先提出了知行合一的理论，批判了传统知行观中对知与行的先后次序和重要性的区分。王夫之穷尽了这一范式的发展余地，成为中国古代知行观的集大成者。

到了近代，资产阶级革命的伟大先行者孙中山更是提升了知行观的意义，不仅超越了古代认识论水平，而且在一定程度上克服了旧唯物主义的缺陷，比较接近辩证唯物主义认识论的观点。他认为人类的知与行是随着社会的发展而发展的，大体经历了三个时期，即从“不知而行”到“行而后知”再到“知而后行”。行在先，知在后，“行先知后”，知是从行中来的，能实行便能知，能知便能进步。在知行关系上，他提出了“知难行易”，是带有鲜明唯物主义色彩的知行观。从总体上看，孙中山先生的知行观中这种“知行统一”的认识论传统与马克思主义认识论关于认识过程中主观与客观的统一、认识与实践的统一、感性与理性的统一等基本思想是一致的。

二、社会实践的特征

（一）综合性特征

大学生社会化的任务在于做好充分的准备，以便能够更好地融入社会、承担好社会责任。这就要求大学生在学习、成长、社会化的实践过程中，对于理论知识的掌握应当全面而系统，注重提高自身能力，打磨自身的品格意志，对于社会更加了解，从而成为社会所需要的高素质复合型人才。因此，大学生的社会实践活动应当具有较为全面的社会实践内容、多样的实践形式以及包罗万象的实践理念，从而赋予该活动综合性的特点。首先，大学生社会实践应该实现德、智、体、美的有机结合，完成全方位育人的目标，强化社会实践内容的全面性。其次，大学生社会实践应该实现自我教育、学校教育和社会教育的有机结合，突出社会实践形式的多样性。再次，大学生社会实践应该实现主观与客观、理论与实践的有机结合，彰显社会实践理念的包容性。

（二）主体性特征

大学生社会实践突出实践性，也即主体本身的积极性、主动性和创造性，是以主体的全面发展为目的，通过生动活泼的活动来影响主体的观念和行为。因此，相对于传统思想政治教育强调以学科知识体系为中心、以教师为中心，现代思想政治教育实践教学更应当充分尊重学生的积极性、主动性和创造性，发挥学生自教自律的功能，培养学生的主动性和创造力。首先，实践教学将培养、提升学生的主体性作为目的，而不是单纯地灌输政治观念和理论知识。其次，现代思想政治教育实践教学在整个过程中都注重学生的主动参与和亲身体验，学生在活动中处于主体地位。无论是实践课题的选定、材料的搜集或者具体实践活动的选择和开展，还是实践活动结束后的总结与升华，都离不开学生积极性、主动性的发挥。可以说，强调学生的主体性是实践教学的本质特征之一。

（三）预演性特征

严格意义上来说，大学生社会实践行为本身很大程度上依然属于“校园行为”，对于大学生而言，这种活动是一种有意义的起点，未来的知识储备、能力释放、生命体验、生活展演、事业开拓，都必须借助于大学阶段的教育和相应的社会实践活动奠定良好的基础。所以，社会实践活动是大学生对未来社会生活、工作方式与学习方式的一种预演，可以对大学生产生积极作用，有利于培养成人感受和社会性情感，锻炼自理能力，培养日常生活、工作技能，有利于他们尽快融入社会，加快他们的社会化进程，早日成才。具体而言，这种预演性特征有三个方面：一是思维的预演性，二是行为的演练性，三是环境的仿真性。

（四）创造性特征

创造是人类实践活动独有的特征。建设创新型国家，提高自主创新能力，是我国现代化建设的时代要求。因此，培养具有创新精神与实践能力的高素质人才，是高等教育肩负的历史使命。大学生作为继往开来的青年一代，在社会实践活动中不仅要完成学习继承的历史任务，更要勇于面向未来、开拓创新。这就要求大学生社会实践活动必须具有创造性特征，这种创造性特征具体表现为以下几个方面：首先，大学生在社会实践教育活动中活学活用知识的应用性特点。其次，大学生在社会实践活动中追求新知、探求未知的探索性特点。再次，大学生在社会实践活动中实现从无到有、综合集成、拓展深化的创新性特点。显然，这种创新性的社会实践活动，有助于大学生处理继承与创新、平庸与卓越、失败与成功的相互关系，为创造性实践引领方向。

三、社会实践的功能

当代大学生社会实践活动是一种学习性、成长性实践，它在大学生的成长中起到的重要作用，主要表现在以下三个方面。

（一）掌握、应用和创新知识

这是社会实践的首要功能，在社会实践活动这个实践的、整体的和开放的综合教育平台上，大学生可以获取知识，体验情感，发展个性，提升全面发展的水平。

1. 掌握知识

目前，知识主要分为两种类型：陈述性知识和程序性知识。陈述性知识主要指的是关于“是什么”的知识，而程序性知识则主要是关于“怎样做”的知识。如果说课堂学习使学生获得了陈述性知识，那么，参与社会实践无疑有助于大学生掌握程序性知识，并深化对陈述性知识的理解。现今的大学教育过于注重遵循公认标准，强调模仿和继承知识。与此相反，社会实践注重学生在现实生活、实践和研究中获得知识，强调大学生的知识整合、精炼和理解，强调大学生所学习的书本知识如何应用于解决实际问题。因此，社会实践可以被看作是大学生获取新知识的导航器、学习情况的检测器，以及知识稳固和理解的有效推手。

2. 应用知识

对于大学生来说，不仅仅是领会和巩固知识，更重要的是学会对知识的灵活应用。社会实践活动是大学生“学以致用”的舞台，它以满足需要和解决问题为核心，强调大学生积极探究所面对的世界，注重大学生在活动中学会发现、学会践行知识，通过这种实践活动，大学生不仅可以了解知识、把握现实社会，还可以在活动中体验感悟、创设情境、主动探究，从而使他们的知识与能力得到完美连接和释放。

3. 创新知识

创新应当以知识的积累、传播、转化以及应用作为基础。社会实践是一种重要的方法，可以激发学生的创新精神和能力，同时推动他们创造新的知识。主要表现在以下两个方面。

其一，社会实践能够使大学生从无到有的知识创新得以完成。实践的需求是知识创新的源泉。社会实践活动让大学生在实践中不断探索、发现和解决问题，并能获得新的知识与体验。主要体现在大学生通过社会实践活动，将所学知识进行了整合与聚合，并产生了全新的思想和观点。因此，大学生必须积极调动自身的潜力，勇敢地打破某些既定的限制和束缚，以便在面对社会实践的新问题时，能够获得新的发现、发明和结论，从而使自身的创新能力能够得到切实的提高。

其二，社会实践活动能够使大学生知识与能力的系统集成得以完成。系统集成指的是将不同的设备、信息和应用整合在一起，并创建一个完整的系统来支持其运行。这个过程通常在一个组织机构内完成。系统集成的实际作用在于通过最优的组合方式提升系统的整体性能，包括组成部分的互动、效率及其完整性和灵活性等方面，从而为实践主体提供可行的、完整的解决方案。社会实践可以让大学生的知识和能力得到系统集成，这是因为社会实践的全面性和优化性使得大学生的知识系统变得更加立体化和具有内在关联，而非零散、单独地存在。与此同时，社会实践还可以有助于大学生多种能力的有机组成，从而提升其综合素质，达到更好的优化效果。大学生通过综合性整合和优化，拥有了更加完善的知识结构和能力体系。

（二）促进大学生全面成长成才

促进大学生全面成长成才的这一功能，主要体现在以下两个方面。

1. 提升大学生的综合素质

当今世界，国家间的竞争说到底是人才的竞争，人才综合素质的高低决定人才对社会贡献率的大小。我国高等教育的重要任务主要包含以下两个方面：一方面，需要切实提高大学生的专业技能和知识水平；另一方面，也需要确保他们能够具备较高的思想道德素养、科学文化素养、艺术鉴赏力、劳动技能以及身心健康素质。因此，大学生应当通过社会实践和学习群众经验来巩固社会主义信念，加强知识和技能的学习，关注身心健康，推崇科学发展，全力将自己培养和锻炼成为社会主义建设的“四有”新人，并积极运用自身所学为社会和人民服务。

2. 锻炼大学生的实践能力

大学生的实践能力就是指大学生解决问题的能力。大学生学到的知识可以在社会实践中得到证实，从而可以强化他们知识与技能的针对性应用和训练，帮助他们了解、熟悉社会各种行业、职业资格认定标准和角色活动领域以及所需的各种专项技能，并将这些要求作为培养与提高自己实践能力的参照指标。同时，社会实践活动还能有效锻造大学生的分析判断能力、监控评价能力、决策执行能力等情景实践能力，全面推动大学生积极追求综合实践能力匹配。

（三）推动大学生的社会服务

社会实践活动推动着校外现实生活与高等教育之间的有效对接，凸显着自身面向现代化、服务社会的功能。

1. 推动大学生与生产劳动的结合

与生产劳动相结合是马克思主义教育思想的重要指针。社会实践连接着高等教育与社会生产活动，有效推动大学生走上社会、适应社会需求、承担社会责任。

第一，与生产劳动相结合可以磨炼大学生的立业心智。大学生完成学业后，必然以普通劳动者的身份进入社会选择职业。现实带给他们立业压力是全方位的，如高校扩招、用人单位要求过高、就业单位薪酬偏低、工作环境较差以及创业过程中市场、资金、技术、设备等方面带来的压力等等。现实的和准现实的多层压力加于当代大学生肩上，理想的目标预期与现实的满足程度反差明显，立业的现实矛盾更加突出，大学生的立业心理出现极大波动。因此，通过社会实践活动，大学生可以对用人单位的人才需求信息和趋势有一定的了解，认识到来自社会职业竞争的压力，调整自身的立业目标以适应现今社会，矫正心态，转变观念，抓住机会，以“先就业后择业再创业”的方式学会生存立业。实践已经证明，机遇垂青有准备的头脑，心智的磨炼是成功的开始。

第二，与生产劳动相结合是对大学生立业素质与能力的一次综合试行。在社会实践活动中，大学生应当努力提高自身的综合素质和劳动技能。通过社会实践活动，大学生一方面会增加工作经验和社会阅历；另一方面会在社会实践活动中发现自身的不足，调整课程选择，明确职业目标，自主规划学生生涯，合理安排时间，恰当利用学习空间，完善知识结构，强化专业技能训练，实现由知识向能力的转化、由学业意识向职业意识的转化，拓宽大学生职业选择的渠道，综合试行大学生服务社会的本领。

当然，在实际生活中，大学生以多种方式与生产劳动相结合，如主体上的大学生个体与群体，方式上的实习、实训、勤工俭学、挂职锻炼等，时间上的假期与非假期，空间上的乡村与城市等等。

2. 推动大学生与人民群众的结合

坚定不移地走与人民群众相结合的道路是我国有志青年团结进步、奋发成长的必由之路。“与人民群众相结合”的思想，是马克思主义“与生产劳动相结合”思想的深化和具体展开，规定并演练青年大学生成长成才的正确方向和精神境界。青年学生只有与人民群众相结合，才能成长为坚定的马克思主义者、社会主义事业的可靠接班人和合格的建设者。大学生不仅要从书本上、课堂里系统地学习、接受马克思主义理论和中国特色社会主义理论体系，还必须从当代中国的实践中学，学会运用马克思主义的立场、观点和方法去分析、研究和解决现实问题。走与人民群众相结合的道路，实质是坚定地走与马克思主义相结合的道路。社会实践活动既是对大学生政治觉悟、精神境界的检验，也是对大学生政治觉悟和精神境界的演练。同时，只有与人民群众相结合，大学生的知识体系和能力体系才能得到充实、检验与演练。在校大学生的知识体系和能力体系并不完整，只有同人民群众相结合，才能做到书本知识和实践知识相结合、能力发展与社会需求相统一。因此，社会实践推动大学生与人民群众的结合。

3. 推动大学生学会生存

社会实践活动既包含对生存知识与能力的学习，也包含对生存意义的追寻和探求。社会实践活动可以有效地推动大学生，从而使他们更好更快地融入社会、立足社会、服务社会。因此，为正确引导学生，克服和消除社会实践活动被游戏化、炒作化、作秀化不良倾向，我们应该广泛动员，认真组织，提高大学生参与社会实践活动的主动性与积极性。与此同时，还要给予大学生以恰当的指导，以多种方式强化挫折教育，历练他们的意志。此外，我们还应该营造良好的社会舆论环境，制定相应的实践活动细则，规范具体要求，以制度化、科学化的方式保障大学生提高社会化生存能力，从而使他们肩负起新世纪祖国发展所赋予的历史重任。

四、新时期社会实践活动的大课堂路径深化

（一）加强组织管理，建立健全社会实践的运行机制

1. 加强高校领导层和实践组织部门的高度重视

从现实的角度来看，只有领导层高度重视并给予足够的支持和指导，各个组织部门才能更好地进行科学、合理的统筹规划，尽可能地避免社会实践活动流于形式，从而能够确保实践活动的顺利、深入、全面开展。为了实现这一目标，有必要让每个大学生都参加社会实践并将其作为必修课程之一。同时，需要制订详细的社会实践规范、大纲和实施计划，并按照学校的预算收入情况，在财务预算中分配专款以支持大学生社会实践活动。学校有责任教育学生认识到，在社会实践中只有每个学生如何有效参与的问题，没有学生想不想参与的问题。

2. 建立校、院（系）两级指导团队

适应大学生社会实践活动分类管理和精细化管理的要求，每一类社会实践活动、每一个社会实践团队都离不开专业化的指导团队的指导。因此，有必要建立专业化的指导教师团队。校级指导教师团队主要是负责对社会实践活动的负责人和组织者进行专门培训；院（系）级指导教师团队主要是负责对参与社会实践活动的广大学生进行专门培训。具体来说，生产实习类、军事训练类和科技服务类社会实践活动的指导团队应依托专业教师来组建，生产劳动类、社会调查类社会

实践活动的指导团队应依托班主任来组建，勤工俭学类、志愿服务类和挂职锻炼类社会实践活动的指导团队应依托辅导员来组建。

3. 加强组织管理机制的规范化建设

为了更加有效地落实社会实践的各项措施，必须确立规范的组织管理机制。而要建立这一机制，则需要明确大学生社会实践的目标，并规定学校各部门，例如团委、宣传部、教务处、人事处、科研处、各院系等，在该实践中的职责。需要注意的是，校团组织应当不怕失权和放权，所有有助于社会实践活动有效开展的事务，都应当勇敢去尝试。在实践活动中，需要将活动的各个方面融合起来，包括活动的重点、连续性和全面性，既要关注某一类具体实践活动的质量，也需要密切关注每个学生个体在社会实践活动中的表现。学生在参与社会实践时，需要得到有效的指导，包括社会实践主题的确定、实践方式的选择、具体实践活动的实施以及实践报告的撰写等方面。此外，还应该明确实践的具体要求，以保证实践能够达到预期的效果。

4. 丰富实践形式和内容

社会实践要形成自身的特色和品牌，既有利于实践活动的稳定发展，又不断迈向新台阶。社会实践要充分考虑地方的需要，大力开展多种人民群众迫切需要的服务活动，如支教、送医疗和科技知识下乡、送文艺活动、法律援助活动等等。可以采取不同的活动形式，如社会调查、生产劳动、志愿服务、公益活动等，但一定要深入下去，不能浅尝辄止，做表面文章。同时要有不怕吃苦的精神，比如搞农村社会调查，事实上完全可以到田间地头访问，采写实实在在的数据，了解劳动者真正的心声，掌握第一手资料，而不是找几个村干部拿点现成的数据，说几句无关痛痒的话，写一篇应付式的调查报告。只有沉得下去，才能切实感受到社会最真实、最有用的东西，才能真正获得提高。

（二）以“三维”为核心，推进大学生实践基地建设

实践基地是专门为学生社会实践而成立的一个基地或者机构。“三维实践基地”则着力从社会实践、科技实践、创业实践三个方面大力推进大学生社会实践基地建设。若将“社会实践基地”和“科技实践基地”比作培养学生基本实践能力的 X 轴和 Y 轴的话，那么“创业实践基地”就是培养学生整体综合实践能力的 Z 坐标轴，故将此称为培养学生综合素质的“三维实践基地”。

1. 社会实践基地

大学生可以通过利用区校、村校、校企共建服务活动的机会，积极参与区县和农村企业建设基地的工作，同时，大学生还能够利用所在班级、院系或社团等组织，就近成立实践基地，与各实践对象建立长期的合作关系。此外，年级不同的学生可以合作，通过以前辈带领后辈的形式进行团队活动，以此巩固实践基地的传承，并为更多大学生获得参与社会实践的机会和渠道提供支持。将专业特点和自身优势与校外社会调查、实际生产和企业管理相结合，不仅可以为社会和企业提供技术服务，还可以通过社会实践提升大学生的专业技能，并提高他们适应社会的能力。

2. 科技实践基地

高校通过开展诸如全国“挑战杯”科技竞赛、国家大学生创新性实验计划等活动，结合科学商店项目（大学生科普志愿者进社区）在校内建立大学生科创中心，作为科技实践基地。同时，高校可以开展多种科技文化活动，来巩固科技实践基地的基础，并提高学生参与该基地的积极性。大学生们完成一定的创新实践并获得成果后，学校将组织专家进行审核认定，并给予相应的学分奖励。这是一种鼓励机制，从科技创新这一角度对大学生的科技成果予以认可，这样学生科技创新能力的提高反过来激发学生进一步学好科学文化知识和积极参与科技实践基地建设的兴趣，形成良性循环。

3. 创业实践基地

学校不仅要满足学生创业实践的基本要求，还要通过开展系统的创业教育，通过选修课程和个别指导对学生进行创业知识培训，鼓励学生把自己的所学所思运用到创业活动中去。不仅如此，在学校统一指导下，学校相关部门与社会相关企业建立创业实践基地，学生就可以将在创业计划竞赛、大学生课外科技作品竞赛等各种竞赛中的作品和创意应用到创业实践中去，从而提高理论与实践结合的主动意识，增强学生创业的积极性。

第四节 用好新时期网络思政教育的新手段

网络集知识、娱乐、趣味和政治于一体，包含声、像、图、文等各种信息，具有虚拟性、及时性、丰富性和共享性等特点，发展非常迅速，成为当今社会信息传播的主流媒体。全面、深入、创造性地开展高校思政教育需要利用网络开辟新的教育阵地。

一、新时期网络社会中学生存在的常见问题

随着网络时代的到来，网络已经深入到大学生的学习和生活中。从现实角度来看，网络的作用已经逐渐受到人们的认可。然而，与之相对应的——大学生的网络示范行为也越来越受到人们的关注。目前，这已经成为一个非常棘手的问题，迫切需要解决。

（一）信息选择问题

随着信息网络化的发展，大学生面临的信息愈发丰富和复杂，这些信息当中既包含了积极向上的内容，也包含了消极落后的内容，有追求健康高尚的，也有沉溺于低级趣味的。因此，现代大学生需要明确哪些信息需要接受、哪些信息需要回避、哪些信息需要抵制，应当学会如何正确处理已经接受的各项信息内容等，这是每一位当代大学生时常面对且必须正确对待的问题。由于价值观的不同，人们在信息选择上总会有自己的偏好，呈现出千差万别的面貌。但个别大学生自制力差，缺乏正确的价值取向，沉迷于色情、暴力信息，热衷于宣传西方思想文化、生活方式等方面的信息，刻意寻找、浏览与国内主流意识形态相背离的信息等，陷入一种偏执和盲从的状态，迷失了自我，其身心健康受到了严重的损害，应当引起家长、社会和学校的广泛关注。

（二）网络交往问题

网络为学生提供了一个平台——能够更好地满足学生的情感需要，使其能够进行情感交流、建立情感关系等。但是，一旦这种情感关系中增加了不良信息内

容，便会产生诱惑，从而导致使用者深陷其中。在网络虚拟世界中深陷的大学生，经常使用多个不同的网名，扮演着各种不同的角色，也可能是不同的性别。这种多角色的身份矛盾和冲突，以及虚假身份和真实身份之间的矛盾冲突，可能会导致他们对自己的角色认同产生困惑。他们可能会把更多的时间和注意力放在网络世界里，因为那里给予他们比现实世界更多的愉悦感。尤其是在现实中遭遇挫折和困境时，人们更倾向于通过网络来寻求安慰。网络通常掩盖了真实的生活，同时拉大了现实生活和虚拟社会之间的差距。当学生选择沉迷于网络世界并回避现实时，就会逐渐远离现实生活中的人际关系，甚至可能疏远亲情、友情以及社会交往。如果这样的学生发展下去，他们有可能由回避现实逐渐演化成对现实产生敌意，表现出反社会的行为。

（三）网络犯罪问题

网络固然是一个虚拟的世界，但它毕竟与现实世界有着密不可分、千丝万缕的联系。无论网络行为还是现实行为，只要达到了一定的社会危害性，都可能构成违法犯罪活动。个别学生凭借自己掌握的网络高科技手段进行有意识和无意识的犯罪行为。例如，利用网络进行欺诈、诈骗、盗窃；滥用信息技术制造传播信息垃圾和计算机病毒，非法侵入、攻击或破坏他人信息系统；编造虚假信息对他人进行诽谤或制造社会混乱；肆意侵犯他人隐私。这些行为都是具有一定社会危害性的违法犯罪行为。当那些以“网络高手”自居的大学生，沉浸于遨游网络的快乐和享受人机大战的惬意时，如果其法制意识淡薄，就有可能陷入违法犯罪的泥潭。

（四）网络成瘾问题

互联网对于许多青年大学生来说，具有极大的魅力，因此难以抗拒它的诱惑力，上网成了“落网”，把大量的时间和精力花在网络上，而一旦在网上形成一种持久而难于解脱的信息满足方式，就表明该学生已形成网瘾。简言之，网络成瘾就是指某人被网络信息左右、控制，身不由已地丧失主体性，甚至成为网络的附庸与奴隶。一些大学生上网成瘾，不能自拔，一般表现为：不断增加上网时间；上网则开心快乐，下网则抑郁失落；较少参与社会活动和人际交往；以上网来消磨时间，逃避现实生活的烦恼；坚决否认上网会给自己的学习和生活造成什么损害。网络成瘾对青年大学生的危害是巨大的，必须引导那些上网成瘾的青年大学生，不再生活在“迷失的世界”里，要保持足够的清醒，真正成为网络的主人，而不是网络的奴仆。

二、网络思政教育的优势

（一）教育主体的平等性

网络思政教育主体的平等性表现在两个方面：一是主体地位的平等性。网络交往的隐蔽性消解了传统人际的“社会的藩篱”，教育者与受教育者的身份、年龄、性别等符号不复存在。在网络空间里没有权威，没有明星，没有富翁，没有乞丐，一句话就是没有高低、长幼、贵贱之分，每个人的地位都是平等的。二是主客体的不确定性。换句话说，教育者和受教育者的身份是不一定的。在互联网迅速发展的情况下，传统的金字塔式的知识等级结构已经土崩瓦解。老一辈对后辈的启蒙正在不断地失去“市场”。在互联网上，成年人的反应往往比青少年迟钝，很多大学教授不会使用计算机，因而堵塞了通过互联网获取知识与信息的渠道。相反，青少年在网上却轻车熟路，来去自如，通过互联网获取大量的知识和信息。很多时候，青少年反而成了成年人的电脑启蒙者。

（二）教育环境的开放包容性

网络的开放性以及社会主义的本质决定了网络思政教育环境的开放包容性。创新被充分提倡，只要是符合社会主义本质、有助于社会主义现代化建设的思想都可以成为网络思政教育的重要内容。学生除了在课堂上接受网络思政教育外，课下、课后以及生活中的时时处处都可以利用网络获取自己需要的信息。高校加强校园网络及相关硬件设施建设，这都令大学生网络思政教育途径得以无限扩展，整个大学生网络思政教育呈现出异常活跃的氛围。教师团队中允许有不同的声音，通过客观看待教育教学过程中的矛盾，努力改进工作方法，最终的目的就是为了从根本上解决矛盾，丰富大学生网络思政教育的理论体系以及实践经验。高校利用网络开展德育工作过程中的经验教训都成为高等教育领域的宝贵财富，使网络技术和人才的整合与开发真正促进了国家综合国力的增强。这令大学生网络思政教育环境实现了前所未有的和谐，是我国构建和谐社会的重要组成部分。

（三）教育信息的开放性和丰富性

网络思政教育信息的开放程度取决于网络的开放程度。网络以网状互连的结构为基础，采用全通道式的信息交流方式。这种交流方式的特点是每个节点都经过多条路径与其他节点相连，同时，每个节点都可以不断扩展自身，从而实现了无中心化，即没有一个绝对的中心，但所有节点都是中心。网络的这种无限拓展特性使网络思政教育信息具有无限的开放性。这里的开放性主要就是指大学生网络思政教育内容、教育方法及手段、主客体相互关系、教育资料、教育时空和教育思维训练的开放性。

在当今的网络时代，学生可以通过网络获取更多的信息，丰富自己的知识环境，了解社会的发展动态和科技进展，加深对所学知识的理解和拓展，这样有助于解决当代社会快速发展和思想政治理论课程内容落后之间的矛盾。现如今，党和国家的方针、政策和要求等信息传播已经实现了由一点同时向各层面、多方面辐射，而不是像过去那样需要经过一段时间的逐层逐级的传达。接受者不受时间和地域的限制，无论是领导者还是被领导者，教育者还是被教育者，都可以同时接收到来自上级直至中央的完全一致的网络思政教育信息。

但不可否认的是，网络在给高校思政教育工作带来极大便利的同时，也产生了一些负面影响。面对这些情况，如何在网络化时代中培养大学生树立坚定的世界观、人生观和价值观，是思政教育工作者面临的重大课题。

三、用好新时期网络思政教育的新手段

（一）加强技术创新，提高宏观环境的安全防范能力

在网络这一领域中，宏观的大环境指的是由互联网技术平台所构成的整个网络信息体系，也就是整个网络世界。换句话说，它包括了互联网中的各种技术、资源和应用等方面的内容。这是大学生网络思政教育中无法被全面掌控的方面。因此，我们首先需要提高警惕，切实增强网络防御能力。我们可以通过不断丰富、充实对信息科学和网络技术的理论知识和方法，并建立一套完善的互联网信息内容安全管理机构，配备相关技术人员和采取适当的技术措施，来提高屏蔽各种有害信息的能力，提高对网上反动信息、淫秽信息、有害电子邮件等各种有害信息

的检测、监控和封堵能力。面对网络宏观环境的不稳定性，我们必须在教育实践中巧妙应用网络技术，有效地引导网络信息传播和网络群体发展，使其成为支持青年学生健康成长的积极因素，这是当前网络思政教育工作的紧迫任务。

（二）创设良好的校园网络文化环境

利用网络平台组织校园文化活动，鼓励多样化、积极向上的文化体验，从而促进校园文化传承和培养良好的校园文明氛围，通过让学生参与校园网络活动，塑造他们的品格和价值观，培养出文明、优雅、自律的校园文化氛围。大学应该重视传承自身文化精神特色，这一精神是经过多代校友不断努力积淀而成的，是学校共同追求、理想和信仰的稳定体现。它是大学生的精神滋养之源，是大学文化的精髓与核心，对大学生的思想起着非常重要的引导作用。校史中包含了具有代表性和特殊意义的人物、事物和物品，这些元素既是学校文化的体现和发展，也是德育教育的重要组成部分。校史记录着学校的理念和荣耀，深刻地反映了学校的文化内涵和历史背景。这些形式比单纯的劝诫更易于被学生接受。重视构建网络化的大学文化精神园区，通过网络平台宣传学校的标志性载体，能够有效地增进学生对校园网络的亲近感和凝聚力，同时也对学生起到非常良好的导向作用。

（三）推进网络法制进程，建设有序的网络教育环境

随着时间的推移，互联网对人们的影响越来越明显，它被人们称作网络信息时代的虚拟社会。在这一虚拟世界中，不仅存在着人们所需要的有关学习、就业、日常生活的信息，还有很多关于网络犯罪、赌博等方面的垃圾信息，这些信息会对人们的心理和思维产生极为不利的影响。因此，为了约束人们的网络行为，维护网络环境的正面影响，消除负面影响，并提升网络思政教育的效果，有必要加强互联网使用和管理法规制定，并推进网络法治建设，以法律的强制力来约束人们的网络行为。国家有关部门应完善网络立法体系，制定适用于网络教育环境的具体规章制度，提升执法能力、加大执法力度，有效推进网络法治进程，切实净化网络空间，为网络思政教育的可持续发展建设一个有序的环境。

第五章　全媒体环境下高校思政教育创新研究

本章主要介绍全媒体环境下高校思政教育创新研究，主要从四个方面进行了阐述，分别是全媒体环境下高校思政教育创新的原则、主题网站在高校思政教育中的创新应用、高校思政金课品牌传播创新研究、高校思政教育手机引导机制创新研究。

第一节　全媒体环境下高校思政教育创新的原则

一、内容多元与思想主导相结合

内容多元是指内容的多样性、丰富性，思想主导是指某种主流思想在社会中占据主导性地位。主导性也可称为主流性或指向性，是在众多事物和现象中占据主导地位的、对其他事物和现象的性质和发展具有指导意义的、能够对事物或现象整体的性质和发展起到引导和统领作用的一种事物或现象，是相对于多样性而言的一个概念。内容多元就是在思想主导的基础上存在与发展的，受到主导思想的引领。把两者相结合的原则概括起来就是要处理好“一”与“多”、“主”与“次”的关系。

世界文化的发展具有多样性，主导思想具有一元性，二者决定着内容多元与思想主导相结合的原则。世界上不存在完全相同的两片树叶，同样地，世界上也不存在完全相同的两种文化，不同地域、国家、民族的文化必定存在差异，即使是同一个国家之内也会存在着不同的思想观点、价值观、生活观等。因此，大学生思政教育创新的环境中必然离不开多元的文化。同样，一棵树无论它多么枝繁叶茂都不能脱离树根而独立存在，一个社会中必然会有某种思想占据着主导地位，指导、统领其他思想的存在与发展。树的枝叶离不开滋养它们的树根，根离开了枝叶就不能成为一棵真正的大树；人类文明的多样性离不开主导思想的支撑，主导思想也离不开多样文明的补充。所以，大学生思政教育创新要坚持内容多元与思想主导相结合的原则。

为适应全媒体时代信息内容多元化的特点，高校应在既坚持弘扬主流文化又倡导文化的多元化的基础上积极地进行思政教育创新。高校要始终坚持传播和弘扬社会主导思想、社会主流价值观以及我国的优秀传统文化，此外也要积极主动地吸收借鉴国外有关思想道德、生活态度观念的先进思想和优秀传统文化。高校思政教育工作者要坚持用马克思主义、毛泽东思想和中国特色社会主义理论占领高校教育阵地，倡导社会主义核心价值观、宣传社会主义法治、普及社会道德规范。与此同时，还要关注社会上的其他思想流派的观点以及热点思潮内容，从中吸取对大学生思想政治教育有帮助的内容，对高校思政教育的教学内容进行补充，为大学生思想政治教育创新提供主导思想的指引，为其打下良好的基础并营造求同存异的发展环境。

二、数字技术与人文关怀相结合

伴随着数字时代的到来，数字技术越来越深入地影响到人类社会生活中的方方面面，改变了大学生的思想和行为方式。数字技术提供的信息具有开放性、多元性、平等性和共享性，为大学生开辟了一种简单快捷获取信息的方式，使大学生的业余文化生活更加充实，增强其主体意识，促使其更加广泛、平等地参与社会生活。虚拟数字空间为大学生提供了一个能够自由表达自我意识和自由意志的空间。在数字虚拟空间中，每个人都是独特的个体，大学生在其中能够充分表达自己的意愿、见解和看法，自由地抒发自己的情感，可以不受现实环境和社会现实的束缚，这为大学生的个性发展起到促进作用。数字技术的出现使得人们的生活方式和文化传播方式发生了巨大变化，传统文化传播方式的局限性被打破，数字技术所具有的超大容量、超宽领域、自由选择性以及综合全面的社会功能为人们提供了一个可以进行自由互动的交往和生活空间。大学生的生活方式由于数字技术的出现而发生了巨大变化，大学生的个性和发展潜能有了“张扬”和展现的平台，有利于大学生的学习、生活与交往，有利于大学生的成长成才，也有利于大学生人生自我价值的实现。

人文关怀强调的是对人和人性的尊重、对人的理性思考的尊重以及对人的精神生活的尊重，核心在于人的个性解放和自由平等，其反映的是对人的生存和发展的关注，是人们对于自由、解放和幸福的追求，也是人们对尊严的重视。在高校开展思想政治教育工作时，人文关怀指的则是关注大学生丰富多变的个体需求，重视学生的个体差异和主体地位，注重激发学生的积极性、主动性和创造性，促进学生的全面发展。人文关怀既是一种感性的关怀，又是一种理性的关怀；既是一种物质的关怀，又是一种精神的关怀；既是一种宽泛的关怀，又是一种具体的关怀。人文关怀对大学生的身心健康具有重要的意义。

数字技术与人文关怀相结合的原则要求思想政治教育工作者在进行思想政治教育的过程中要充分利用数字技术来教学并在教学过程中体现出对学生的人文关怀。思政教育工作者要从学生的实际需求出发，选择符合大学生思想特点的教学方法，在教学中强调学生的主体地位，促使学生积极主动地去学习和理解社会主义国家的性质以及社会主义的本质，自觉遵守社会道德以及法律法规，使学生从内心对我国社会主义改革的成果进行体会。同时注重培养学生的健康人格，全面提高学生的综合素质。思政教育工作者在对学生倾注人文关怀的同时，还要重视对网络思政教育相关软件的研制与开发，增强思政教育的吸引力、亲和力。思政教育工作者应设计具有时代特点的，富含感染力、知识性、趣味性的思政教育软件，还可以制作思政教育的电子课本，将静态的、刻板的文字教材转变成动态的、鲜活的多媒体软件，以吸引学生的注意力，更好地实现思政工作的预期目标。同时，思政教育工作者自身还要加强对数字技术相关知识的学习，熟悉计算机的操作流程。

三、教育目标的隐蔽性与内容的渗透性相统一

开展高校思政教育要依托全媒体平台将其渗透到其他活动之中，坚持教育目标的隐蔽性与内容的渗透性相统一的原则。具体而言就是高校要依托全媒体，如论坛、微博、QQ、新闻评论等形式，对学生进行有意识的暗示和熏陶，激发学生的兴趣与参与意识，使其在不知不觉中接受潜移默化的感染与教育，当然这也要求教育者对全媒体手段有充分的了解和运用能力，同时保持足够的耐心，在认真选取好、核实好媒介与教育目标之后，再进行逐渐教育、隐性暗示、逐步渗透。

四、教育手段的非强制性与过程的长期性相统一

在进行思想政治教育时，高校的思想政治教育工作者要充分考虑当代大学生认知的规律以及接受事物的特点，思政教育不是一蹴而就的，思政教育工作者不能追求教学的立竿见影，要循循善诱，耐心地引导、感染学生，让学生在潜移默化之中受到熏陶，慢慢地、逐步地将教育理念、目标和正确的价值观念、行为方式等传授给学生。而且，要熟练运用网络语言和网络交流习惯。比如，现在的“00后”大学生所钟爱的网络语言是所谓的“火星文”，时髦、动感，还有些无厘头，可能我们对这些并不感兴趣，甚至并不赞同，但是这只不过是一种语言交流形式，如果我们能够很好地理解并运用这样的文字形式、思维方式与大学生展开交流，那么，势必能迅速博得他们的好感与信任，很快地消除他们的抵触心理，同时让他们欣然接受我们的教育。有关研究表明，教育对象接受思政教育的时间与效率是成正比的，时间越长、影响越深、效果越好。所以，我们在进行教育的过程中，要有足够的耐心、恒心和毅力。

五、教育方式的差异化和载体选择的实用性相统一

全媒体背景下，我们对学生采取思政方面的教育，在选择开展思想政治教育的载体时，要充分考虑当代大学生接受事物的特点以及各种全媒体手段的特点，选择最具有实用性和适用性的全媒体，为学生营造良好的教育氛围和学习环境，激发学生的积极性和主动性，有利于提高思政教育工作的实效。

六、积极防范与主动教育相结合

自从全媒体走进我们的生活之后，它的负面影响就是一直存在的，因为任何事物都不是完美无瑕的，都有其两面性。马克思就曾经指出：“在我们这个时代，每一种事物好像都包含有自己的反面。我们看到，机器具有减少人类劳动和使劳动更有效的神奇力量，然而却引起了饥饿和过度的疲劳。财富的新源泉，由于某种奇怪的、不可思议的魔力而变成贫困的源泉。技术的胜利，似乎是以道德的败坏为代价换来的。”[①] 全媒体对于高校思想政治教育的作用也具有两面性，教师要

① 中共中央马克思恩格斯列宁斯大林著作编译局编译．马克思恩格斯全集 第 12 卷 [M]. 北京：人民出版社，2016.

及时发现教学过程中全媒体带来的不利影响，积极改进教学模式和教学手段，防止全媒体的不良影响阻碍高校思想政治课程教育的开展。高校要合理使用全媒体教学，既不能因为其可能会带来某些消极影响而采取消极态度，也不能对其过分乐观，要在教学中趋利避害，充分利用其具有的积极作用，积极防范其具有的消极影响。

全媒体对思想政治教育的作用具有的两面性可以采取积极防范与主动教育相结合的原则来减少消极影响。全媒体具有开放性和便捷性，提供的内容具有生动性和丰富性，能够为大学生思想政治教育提供丰富的教学内容、多样化的教学手段以及先进新颖的教学形式，为大学生提供一个宽广、自由、轻松的学习平台，有助于拓宽大学生的知识来源，开阔大学生的视野、丰富大学生的信息储备、激发大学生的创新潜能。但同时，由于我国目前正处在经济全球化、信息多元化、文化多样化的社会转型期，利益主体多元化和各种价值观、思想观点、信仰、社会思潮相互并存，其中就包括很多非主流、虚假、与中华民族传统道德相悖的内容，全媒体作为传播这些信息的主要载体就不可避免地要对大学生的思想产生一定的消极影响。所以，我们在运用全媒体进行思政教育的同时，又要做到对其负面效应的积极防范，最大限度地发挥其正面有利的作用。

积极防范与主动教育相结合的原则要求高校要对校园网加强管理，完善校园网的信息监管系统和道德约束机制，防止消极落后的思想在校园中传播，为学生构筑一道安全防线。同时，下大力气去开辟积极向上的校园网站，把更多先进的思想上传到网络上。因为面对开放的媒体环境，马克思主义的科学思想不去占领，各种非马克思主义的，甚至落后、反动的东西就会悄然占据。所以，要主动用积极、正确、先进的文化成果占领校园网络阵地，上传更多的关于党的路线、方针、政策，社会主义经济、社会主义文化建设成果的宣传内容，传播与弘扬社会主流思想，消除校内的不正确舆论与观点，防止腐朽落后的思想进入校园，要为学生建立健康纯净的校园内部网站，加强对学生的正面教育。高校要加大对校园网络建设的投入力度，不仅要增加对购买网络相应配套设施的财力支出，还要大力培养校园网站建设管理人员、软件开发人员、精通网络的高素质的教师使用队伍，为主动利用全媒体进行思政教育提供物质保障。

积极防范与主动教育相结合的原则要求高校要做好对大学生的媒介素养教育

和网络服务工作。首先，高校在日常的思想政治教学中要加强学生对网络信息的分析和甄别能力，帮助大学生正确认识全媒体的两面性，教会学生对全媒体提供的信息进行筛选，选择出正确且有价值的内容，并能够恰当地使用它们。高校要利用网络教育的优势大力开展网络道德教育，规范大学生的网上行为，倡导和弘扬有利于大学生成长成才的思想文化成果，用社会主义先进文化占领全媒体阵地，在高校校园形成健康的媒体文化氛围，把大学生的思想引导到正确的方向上来。其次，要不断完善高校的网络服务系统，在校园网站上为大学生提供更多的服务功能，发布更多关于大学生创新创业的知识和信息，帮助大学生及时获取相关资讯，促进大学生的全面健康发展。

总之，全媒体的诞生与发展为大学生思政教育注入了生机与活力，使高校的思想政治教育有了全新的育人环境和教学领域。因此，高校在开展思想政治教育活动时要充分利用全媒体带来的积极影响，转变传统的教学观念，抓住机遇积极创新，要坚持积极防范与主动教育相结合的原则，充分发挥全媒体教学的优势，提高大学生思想政治教育的效果。

七、传统思政教育与全媒体技术相结合

随着时代的发展，传统的思政教育必须不断创新并吸收先进的教育方法，以适应时代发展的要求。传统的思想政治教育具有系统化的、有针对性的教学方式，在改善大学生的思想品德状况以及指导他们建立正确的世界观、人生观和价值观方面有良好的教学效果。传统的思想政治教育采用的是师生面对面的教学，师生之间能够实现情感交流，教师在教学中融入了真实的情感，学生也能够在学习过程中增强对教师的信任，更加积极主动地进行学习。不过，我们也必须认识到传统思政教育存在的问题，一是其教学受到时空限制而使得师生之间的交流受到阻碍；二是在灌输式的教育模式下，教育者仅仅向学习者传授知识，而学习者只是被动地接受，教学过程中师生之间缺乏必要的互动。枯燥的理论演示会严重降低教育效果，甚至激发学生的反感情绪。[①]

随着人类社会进入信息时代，全媒体已经成为影响大学生学习、工作和生活的重要因素，成为大学生获取信息、与外界交流、学习知识的主要渠道。思政教

① 秦艳姣．全媒体环境下高校思政教育新探索 [M]. 北京：北京工业大学出版社，2020.

育受益于全媒体技术的发展，可以充分利用共享的教育资源来丰富教学内容。网络教育的优势在于打破了地域和时间的限制，使教育资源得以随时随地传递，同时，师生之间也可实现及时的交流互动。全媒体教学的这些优势使其成为当今思想政治教育的重要教学方法。全媒体的运用赋予了学生更多的自主选择权，同时促进了师生之间的双向交流，取代了单向的灌输式教育，使得教育工作更加具有针对性。因为全媒体的开放性以及大学生对信息的筛选能力有限，网络上形形色色的信息包括好的信息也包括垃圾信息，其中有害的信息会误导大学生的思想和行为，不利于高校思想政治教育工作的开展。在将传统思政教育与全媒体技术相融合的过程中，我们应该探索两者的最佳结合方式，摒弃不适合的方法，将思政教育的精髓与全媒体技术发挥的优势相结合，以最大限度地发挥思政教育的作用。

第二节　主题网站在高校思政教育中的创新应用

一、主题网站与高校思政教育的概念厘清

（一）网络的界定

对网络的界定，有一个不断认识、发展和深化的过程。在《现代汉语词典》中，“网”字有以下几种含义：“第一，用绳线等结成的捕鱼捉鸟的器具；第二，像网的东西；第三，像网一样的组织或系统；第四，用网捕捉；第五，像网似的笼罩着。”①《现代汉语词典》中对网络是这样界定的：“在电的系统中，由若干元件组成的用来使电信号按一定要求传输的电路或这种电路中的部分，叫作网络。网络的种类有很多，具有不同的形式和功能。”②

（二）网络的特点及其对当前思政教育的影响

计算机网络是一种现代化的信息工具，其具备传播速度快、信息容量大、覆盖范围广、多媒体传播、高度开放和全球交互等诸多特点，具有传统思政教育工

① 商务国际辞书编辑部．现代汉语词典 [M]. 北京：商务印书馆国际有限公司，2017.

② 商务国际辞书编辑部．现代汉语词典 [M]. 北京：商务印书馆国际有限公司，2017.

作媒体所不具有的优势。对此，它对现今高校思政教育工作带来如下影响。

第一，网络信息传递快捷，使高校思政教育工作得以强化和改进，提高其时效性和强有力的渗透性。高校思政教育工作的关键在于及时性，需要快速地收集、传递并利用信息。只有迅速行动，才能领先完成工作，抢占思政教育工作的主导地位。计算机网络能够实现信息的高速传输，信息传递的便捷性和高速性使得高校开展思想政治教育工作更加高效。计算机网络的应用和快速发展使人们即使相隔很远也能够进行即时的交流，使教学不再受到时间和空间的限制，让学生能够通过网络进行问题讨论、思想交流和信息传递，使高校的思想政治教育信息资源得到充分利用，提高了高校思想政治教育的效率。

第二，网络信息的内容十分丰富、覆盖面广，同时可以打破时空限制，这拓宽了高校思政教育工作的教育空间，进一步提升了思政教育工作的辐射力、说服力和感染力。思想政治教育工作的成功需要有大量的信息作为支撑。目前，高校思政教育工作的主要问题是教育内容信息不充分，视野狭窄，缺乏深度和广度，无法引起学生共鸣。因此，教育的说服力和有效性不足，导致了教育效果不如人意。网络信息传播的内容十分广泛，涵盖政治、经济、文化、科技、教育和卫生等各个领域，覆盖范围广泛，这为高校思政教育提供了丰富的资源，拓宽了学生的眼界，扩展了高校思政工作空间，为加强和优化学生思政教育提供了新的开放环境。

网络信息的跨时空性可从三个角度表现：首先，网络信息的传播不受时间限制，这一优势为高校思政教育工作带来了时间上的灵活性；其次，因为网络信息传播无空间限制，高校之间信息交流的壁垒将逐渐消失，学生们可以通过网络共享思政教育资源，与来自不同高校、地区、甚至国家的同学、教师、网友互相交流探讨和咨询；最后，学生可以在网上对自己感兴趣的问题进行深入研究。此外，网络可以让学校、家庭和社会三者联合起来，实现协同教育。

第三，网络信息具有灵活性和互动性，为高校思政教育工作提供了崭新的途径和工具，有效提升了高校思政教育工作的趣味性、针对性和教学效果。传统高校思政教育的模式主要依赖教师口头授课，配合黑板和粉笔进行教学。在信息时代的背景下，传统的思想政治教育方式对于当代学生已经过于陈旧，难以激发他们的学习积极性和主动性。网络信息传播已经不仅仅靠文字形式进行，声音、动画、图片等都可以作为信息传递的形式。多媒体技术为高校思想政治教育带来了全新的教学手段、教学内容和教学条件，在教学过程中可以通过为其构建多感官的情境使其获得身临其境的体验，充分激发学生的学习主动性。这种创新方式和手段已经极大地改变了多年来高校思想政治教育工作的模式，提高了高校思想政治教育的效果。网络为学生提供了一个自由空间，让他们更自由地接收信息和加强自主意识。在大学生思想政治教育中充分利用网络技术能够促进学生对思想政治教育知识的感知和对思想政治教育情感的体验，改变高校思想政治教育手段落后的现象。

第四，网络信息使用的自由和灵活性有助于强化学生在思政教育工作中的主体地位，从根本上改变过去封闭、传统的教育方式。通过在高校思政教育工作中融合网络思政工作和面对面的教育方式，可以让学生破除过去在教育中被动接受的角色，摆脱时间和空间的束缚。学生在业余时间可以利用有效的媒体自主选择教师和教育内容，他们可以与教师和同学建立多向互动的学习网络。另外，网络思政教育工作的互动性非常强，可以强调学生在教育中的主体地位，并有助于激发学生的积极性和改善他们的人际交流能力，实现大学生在思政教育工作中的“自我教育”和“自我帮助”。

第五，网络信息的资源共享特性扩展了高校思政教育工作的覆盖面。网络上的信息是公共资源，每个人都能够获取和使用。此外，网络信息共享还意味着每个人应该尽自己所能为他人提供信息。因为网络资源具有共享性，所以网络上关于思想政治教育的内容也越来越丰富。网络平台能够为大学生提供思政教育，这一举措可以弥补传统思政教育的影响面较小的不足之处。

综上所述，随着网络的快速发展，思政教育工作的内容、形式、方式、方法和手段等方面均发生了巨大变化。网络为思政教育工作带来了分散多样化的形式，摆脱了以往统一而僵化的“一刀切”模式，从长时间的工作周期和反馈效果较慢的方式，转换为一种能够克服时空限制、反应速度更快、周期更短、效果更显著的工作模式；从枯燥的讲解、规定、灌输，转变为以图像、音像为辅助，以色彩、声音、影像形式生动表现思想和情感的交流；从单向的自上而下灌输和被动接受，变成了双向、多向的直接交流和互动。我们生活在一个充满变化和竞争的时代，作为中国网络化的先驱，高校也不例外。随着网络信息教育的推广和发展，互联网对大学生的行为、价值观、政治态度、心理及道德观念等都将产生越来越显著的影响。因此，在网络世界中，作为“生命线”的思政教育工作应该充分发挥“教书育人”的作用。

（三）思政教育进网络的必要性

在当今时代，互联网已经成为一种日益重要的信息传媒工具，为大学生获取知识和各种信息提供了便利。在应对新的形势和情况时，我们必须积极地推进思政教育工作的创新，以适应新时代的要求。

1. 是加强高校思政教育工作的需要

近年来，我国互联网的发展呈现出高速增长的态势。目前，我国各大高校已经普遍建立了自己的局域网，这使得大学生们可以在图书馆、教学楼、实验室以及宿舍等场所通过网络进行学习、交流和娱乐。当今大学生对于网络的依赖程度越来越高。网络不仅仅是大学生获取知识和信息的关键途径，更是他们自由表达思想并与他人交流感情的主要场所。网络对于大学生的学习、生活和思想观念都产生了广泛而深远的影响。高校思政教育工作者应该意识到，网络技术的普及和发展为思政教育工作带来了新的机遇，拓展了高校思政教育工作的渠道和手段。首先，利用网络可以方便地获取学生的思想动态和关注焦点，并增进师生之间的对话和互相交流；通过及时获取大量的有价值信息，可以为思政教育提供充足的资源，同时也能够拓宽学生的视野；利用网络的开放性、互动性和实时性等特点，可以举办丰富多彩、生动有趣的思政教育活动。同时，网络技术的快速普及和进步也带来了一些全新的问题。由于网络上存在大量混淆视听的信息，大学生对网络上质量良莠不齐的信息的分辨能力也比较欠缺，因此网络上的某些言论会对学生的思想造成不良影响，利用互联网煽动的敌对势力也可能会对高校和社会的政治稳定产生负面影响。因此，高校必须在网络上旗帜鲜明地倡导正确、积极、健康的思想文化，同时遏制一些人利用网络散布错误的思想和言论，互联网对于高校思政教育工作所带来的机遇和挑战备受党和国家的重视。党和国家强调要充分利用信息网络技术和互联网舆论宣传，不断扩大思想政治教育工作的影响力，扩大思想政治教育工作的覆盖范围，提高思想政治教育工作的效率，对于互联网舆论要趋利避害，加强在网络上的正面宣传，使互联网成为高校思想政治教育的新阵地，不断增强思想政治教育的网络影响力。

目前我国的高校大部分都加强了对校园网络的管理，制定了网络管理细则，并积极建立主题网站对学生进行思想政治教育。近些年来，我国的高校思想政治教育工作借助网络技术获得了很大进展，但是在网络教学中还存在着许多问题，例如，各高校开展网络教学的水平参差不齐，采取的方法和手段也比较简单，对于网络教学的规律把握不清。因此高校要总结经验，解决网络上存在的各种问题，进一步开展思政教育进网络的工作。

2. 是用先进文化占领新的思想阵地的迫切要求

美国著名未来学家阿尔文 · 托夫勒曾经说过："谁掌握了信息，控制了网络，谁就将拥有整个世界。"[①] 这句话虽然有些夸大了网络信息技术的作用，但其反映了网络信息技术的重要性。目前，网络已经成为一个至关重要的思想交流平台。随着互联网普及程度的不断提高，网络受众也在日益壮大，意识形态在这个平台上的传递影响力也将不断扩大。大学生是当前网络最具影响力的受众人群，其知识水平较高、思维敏捷、年龄较年轻，对大学生开展思政教育工作不仅能够提升大学生群体的思想道德素养，还会对提升社会其他人群的思想品德素养方面产生重要影响。因此，高校领导和教职员工应当充分认识到网络这一新特征，高度重视并充分利用网络作为信息传播的重要渠道，积极推进构建网络上的思政教育新阵地，为青年的自我发展提供更广阔的空间。

很明显，建立网络思政教育平台是一个非常紧迫的任务。这种紧迫性表现在：首先，当前西方国家在网络信息传播方面更加具有优势。他们制造的网络信息占据主要份额，其网页的日均访问量显著高于我国的新闻宣传网站。这些网站主要推广资本主义文化及其价值观，其中包含某些有益、健康的能够体现资本主义国家社会化大生产的信息，但同时也存在大量与我国社会主义文化观念相对立的、消极的、有害的内容，对我国人民，特别是青年人的世界观、人生观和价值观的形成会造成负面影响。其次，网络上的信息污染问题也不可忽视。尽管互联网提供了大量有益的信息，但由于其开放性，也引入了大量低俗、虚假的内容，如黄色信息、虚假信息等，这些严重影响了青少年的健康成长，因此应引起极高的关注。

由此可见，互联网作为一个新的思想教育领域，将会引发越来越激烈的竞争。

---

① [美]阿尔文 · 托夫勒 . 第三次浪潮 [M]. 朱志焱译 . 北京：新华出版社，1996.

可以这样说，思想政治教育的实质是将先进文化传承下去，通过先进文化的影响来塑造人们的思想观念和精神状态，从而培养具备道德修养、知识储备、身心健康和创新能力的新时代人才。因此，随着网络的发展和普及，思政教育的空间和渠道得以拓展，相关资源也得到了增加，但同时也给新时期思政教育的发展提出了新的挑战。唯有勇于打破传统的思政教育范式，持续推进思政教育的网络化进程，方能夺得这片领域的制高点。

二、高校思政教育主题网站的建设

随着信息技术的发展，计算机网络已经成为人们生活中越来越不可或缺的一部分。虽然计算机网络的应用历史并不算长，但是网络的发展却是飞速的。从国际互联网到局域网，各种类型的网络均在高速地发展。我们可以足不出户，只需打开电脑，便可获得来自世界各地的信息，深刻感知网络无边无际的影响力。

（一）高校思政教育主题网站的产生

1998 年清华大学汽车工程系汽 71 班的党课学习小组制作了一个理论学习的网页，起名为“红色网站”，并将网站的建站宗旨确定为“宗马列之说，承毛邓之学，怀寰宇之心，砺报国之志”。[①] 这就是最早的“红色网站”。自其诞生以来，深受学生的欢迎。“红色网站”在栏目建设上以党建宣传为中心，以服务同学为目标，用同学们喜闻乐见的形式把党的思想宣传工作做得有声有色。不仅有清华本校的学生访问“红色网站”，还有其他兄弟院校的大学生和来自社会各阶层的人民群众也在使用它。多家媒体相继对“红色网站”进行了一系列的报道，包括人民日报、新华网、中央电视台“焦点访谈”节目、中央人民广播电台、中国教育报、中国青年报和北京电视台等。讨论区是“红色网站”中最独具特色、最吸引人的板块，以党建为主要讨论话题。在这一板块，我们可深切体验到网友希望提升理论素养的紧迫需求，并能够读到对某些问题的深刻分析。网上用户可以享受言论自由，可以充分地分享和表达彼此的想法和意见。这个论坛也是许多人积极求助的场所，常常能在讨论区里看到人们询问如何撰写入党申请书、思想汇报等方面的问题。很多党课学习小组都把党课学习放到网上进行，在网上进行交流

① 张红兵，才华．高校宣传工作主旨与渠道探析 [J]. 燕山大学学报（哲学社会科学版），2008，（01）：117-119.

和辩论。在探讨和争论过程中，正确的言论始终发挥着引领作用，参加讨论的网友也会从中得到教育和感悟。可见，利用网络技术开展思政教育大有可为。网络在思政教育领域的应用是一种新的尝试。“红色网站”出现和发展的事实说明，这种传统形式和新的科技手段的结合正是思政教育的发展趋势。“红色网站”的成功创办为北京高校乃至全国高校网络思政教育工作吹响了号角，此后全国掀起了一股“红色网站”的建设热潮，并不断涌现出大批如“红色网站”“红旗”这样的优秀思政教育网站。

（二）高校思政教育主题网站的积极作用

虽然网络为高校思政教育工作带来了前所未有的挑战，但是也为其带来了全新的发展机遇。互联网独特的特性和方式为人们的生活、工作和学习带来了一场技术和信息革命。同时，高校思政教育工作也因此变得更加多彩，教学效果得到了大幅度提升。网络的开放、互动、高速和自由特性，为思政教育提供了全新的发展机遇。在这种情况下，“红色网站”在高校发挥了巨大的功效。

1. 提高了思政教育工作的社会化程度

传统的大学思政教育方式常常局限于课堂和校园文化活动。随着网络的普及，学校与社会之间的隔阂被消除，世界变得更加容易触手可及，宛如一个可探索的“地球村”。学生不再局限于校园内，他们可以在互联网的海洋中自由浏览，充分感受各种思想、文化、学术观点甚至各地的民情风俗。这使得思政教育的社会化程度大大提高，从而有助于拓展思政教育工作的新思路，消除学校教育和社会实际脱节的弊端，进一步夯实思政教育的效果。

2. 打破了思政教育的时空限制

网络的发展打破了思政教育的时空界限，进一步增强了思政教育的影响力。传统的思政教育通常会受到时间和空间的限制，覆盖面相对狭窄，通常以“两课”课堂教学、政治学习和师生交流等为主要方式，在特定的时间和地点，教授同样的教学内容。网络的发展消除了传统思想政治教学的时空障碍，使得学生可以自由地在网上与老师、家长和同学交流，分享自己的想法和问题，并且及时获得来自社会各方面的各种信息。通过网络，大学生在学校、社会和家庭中都能够接受思想政治教育，将学校的期望、社会的要求和家长的期盼作为自身的努力方向。网络也为高校思想政治教育提供了更加开放的、具有社会性的思政教育空间，避免思想教育空间的狭窄性阻碍学生思想的发展，增强思想政治教育内容的时代性和前瞻性，使网络空间也成为思政教育的重要空间。

3. 使受教育者变被动为主动

利用网络开展思想政治教育，可以更加深入地了解学生的真实思想动态，进而更加有针对性地开展思政教育工作，让学习者自己浏览使用客户端提供的学习资源，这实际上是一种充分发挥学生主观能动性的方式，能够让学生自主探索和求证，实现主动学习。过去学习的资源比较单一，现在则有更多层次、更丰富的学习内容，包含了大量图文并茂的资料，这些资料适合不同层次的受教育者同时选择使用。此外，在教育资料中添加趣味性内容，并且运用生动形象的表达方式，可以令学生产生深刻的视觉印象。这样一来，受教育者能够放松自己的情绪，随意选择想看的内容，同时在寻找新的视觉经验的过程中就不自觉地接受了教育者的观点。此外，许多大学生在互联网上发表自己的见解和观点，与他人进行交流和讨论，这也是他们真实思想的表达方式，尤其是对于一些备受关注的校园和社会热点问题。思政教育工作者可以充分利用网络这一重要渠道，以了解学生思想动态为主要目标，同时也可以借助网络这一平台与学生展开思想交流。思想政治教育工作者还可以通过在网络上搜集整理信息丰富教育内容，更加有针对性地开展教学，也可以直接为学生提供讨论主题与学生在网上聊天交流，从而使思政教育工作更深入、详尽、高效。例如，中南大学不断加大校园网络建设和思政教育工作投入，已耗资近 4000 万元，成功建成高速千兆光纤校园网覆盖三个校区，入网主机数量达近万台，注册网络用户已超过 15000 人，全校所有计算机教学机房、多功能教室和大多数学生宿舍均已接入该网络。学校以“修好路、造好车、供好货”为工作思路，努力打造网上思政教育工作体系，以提升其吸引力。借助网络教育的形式多样、形象直观等优势，学校积极推行网上教学，采用科学的理论教育学生。此外，学校邀请专家制作了一系列的多媒体网络课件以推广思政课网络教学，包括“毛泽东思想概论”“邓小平理论概论”“马克思主义哲学”等十多门思政课的教学内容，使得那些抽象严肃的理论变得更加生动有趣，激发了学生的学习积极性。

4. 充实了思政教育的资源和内容

互联网是一种多媒体网络平台，具有强大的交互性，能够将全球分散的信息和资源进行集成整合，形成一个信息容量大、传输速度快的数据传输系统。思政教育可以获益于网络媒体的信息传播快、信息容量大和互动交流便利等特点，获得丰富的教育资源。信息资源的丰富使人们的工作和学习更加便捷，同时还能拓宽人们的视野。这些资源包含马克思、恩格斯、列宁、毛泽东、邓小平、江泽民、胡锦涛和习近平等领导者的著名作品和思想体系以及当前党和国家的方针、政策和各种政治、经济、科技、文化和国际形势等知识。这些取之不尽、用之不竭的信息资源为思想政治教育提供了极为丰富的教学内容，让学生能够便捷地获取想要了解的信息。此外，网络技术以及多媒体技术能够为学生营造虚拟的真实场景，让学生能够获得更真实的体验，在体验的过程中潜移默化地接受思想政治知识的熏陶。网络技术能够让历史的、抽象的知识和教学内容突破时间和空间的限制，将其以一种生动形象的方式展示给学生，从而使学生对所学内容产生浓厚的兴趣。网络还能用富有趣味性的方式呈现党的方针政策和改革开放的重要发展成果，从而在愉快的氛围中提高学生的思想政治素质和道德品质。因此，网络媒介的多元化特性有助于优化思想政治教育的效果和产生更深远的影响。

三、加强高校思政教育主题网站建设的对策

在新时代，开展思政教育工作应当注重学生的全面发展，并充分激发学生的主观能动性和创造力，以充分发掘学生的潜能，满足学生实现自我价值的需求。随着网络的普及，思政教育工作可以借助互联网领域的广泛资源，采用更加高效的教学手段，更好地实现其教学目标。网络使人们的生活方式和生存方式发生了巨大变化，对当今学生的认知、情感、思维和心理方面影响深远，其作为高校开展思想政治教育的重要阵地，为高校不断加强思想政治教育提供了技术保证。大学生不仅享受着网络带来的海量信息，还承担着开拓新兴网络空间的任务，这为高校思政教育工作者带来了新的任务，也是对高校思想政治教育工作者的巨大挑战，针对这种形势，高校的思政教育工作者需要重新审视自身的工作理念、教学模式、教学方法和教学策略等多个方面，要仔细分析思政教育工作所面临的新情况和新问题，并致力于提升自身素养，积极改变思维模式。高校需要进一步提升思想政治教育师资的整体素质，加强对高校网络思政教育的管理，加强思想政治教育网络教学。

（一）转变思想观念

大学生可以通过网络的发展来拓宽思路、更新知识和提高自身的素质。网络的普及拓宽了人们的视野，帮助人们更全面地认知世界。网络的进步为大学生提供了更多自主学习新知识、习得科学的思维方式、提升自己素养的机会和空间。网络的迅猛发展不仅为高校加强对外宣传、树立良好的国际形象、提升民族自信和自豪感提供了更加广阔的平台，同时也为这些目标的实现提供了更为便利的条件。现代思政教育已由原来的教师对学生的指导与训诫转变为双方平等的研究与探讨。思政教育的任务不再只由教师和学生工作者承担，而是由全体教职工共同承担，并且学校管理者要时刻意识到他们的行为对学生的教育有很大的影响。思政教育不再是教师在课上讲述枯燥的原理再让学生课下背诵，而是能够将思政教育融入日常生活，使学生勇于面对不同意见和反对意见，以此来体现思政教育的成效。思想政治教育不再局限于刻板的传统教学模式，而是注重培养品德优良的学者和人才。思政教育工作者已经不再是单纯依赖教材，生搬硬套的“教书匠”，而已经转变为关注青少年成长的重要引路者。

因此，在新形势下，高校的思政教育工作者需要转变传统思政教育工作中的说服型教育模式，转向务实型教育模式；需要正视网络时代背景下思政教育管理所面临的机遇和挑战，消除对网络的不信任感和距离感；需要充分认识网络技术的发展和普及所带来的各种影响，并不断更新自身的观念。只有这样，思政教育才能保持与时俱进的精神风貌和鲜活的时代特征。思想政治教育工作者需要发掘网络信息丰富、功能强大、生动且具有感染力的优点，趋利避害，要不断创新网络教育的内容和方法，打造一个轻松自由、民主平等、互相尊重和互相学习的在线环境，从而真正实现思政教育的有效性。在网络条件下开展思政教育管理工作需要坚持输导结合，网络的开放性使得思政教育工作者在信息和权威方面不再占有优势。因此，教师需要善于引导学生正确地分析和利用信息，以积极的态度进行网上讨论，在确保学生主体地位的前提下促使学生正确思考和判断。这是一项长期而艰巨的工作。

（二）加强队伍建设

网络教育已成为21世纪的主要趋势，其必然会在未来成为教育领域的主流。

若要通过网络进行思政教育，关键在于需要一批能够灵活运用网络教育资源、善于利用计算机网络技术的思政教育工作者。如果没有这些人才，网络思政教育将难以实现。

首先，我们需要重新定义网络环境中教师的角色。随着全球范围内计算机、通信和网络的融合，与传统的教师角色有所不同，不同层次的教育从业者将扮演新的角色，作为沟通教育资源和受教育者之间的纽带。在网络教育中，新型思政教育工作者必须具备以下三种角色。

（1）信息咨询员

该角色的要求是教会学生对网络上的各种信息进行甄别，帮助学生正确区分先进的、新颖的、正确的信息和落后的、陈旧的、错误的信息。

（2）信息分析员

在网络时代进行思政教育的工作者要能够为受教育者提供高度实用和科技含量较高的信息。互联网上的信息鱼龙混杂，部分信息提供者会在网络上投放无意义的、用来混淆视听的有害信息，高校的思想政治教育工作者要能够及时发现这些信息并向学生澄清信息。

（3）系统管理员

在具备上述两项素质的同时，还需要能够对网络自动化系统的各个环节进行有效的管理，例如系统规划、设计、安装、调试、运行、维护以及对受教育者的培训等。其职责首先是在该系统与外部信息网络之间协调与衔接，以确保信息传递畅通无阻，此外还要能够熟练操作大量应用软件。

其次，应对思政教育工作者进行普及性的计算机网络基本知识和技能培训。随着计算机网络的普及，思政教育工作者无论是在网络教学中还是线下教学中都必须跟上时代潮流，注重提升自身网络素养和修养。由于网络已经成为社会生活各个领域的重要组成部分，进而影响人们的价值观、思考方式、工作方式、生活方式，甚至语言用法，如果教育者不熟悉计算机网络，就可能在与教育对象特别是青少年进行交流时受到阻碍，进而影响其工作效果。因此，相关机构应向思政教育工作者提供计算机网络知识的培训，以提高思政教育的有效性。

再次，要培养一批熟练掌握思政教育网络运用和管理技能的师资人才。为了有效地建设和使用思政教育网站，需要对所有从事思政教育工作的人员进行网络知识的普及培训，并重点打造一支具备高水平思政素养和教育理论素养的人才队伍，同时这些人还需具备高超的计算机网络技术能力，以成为网络思政教育的重要力量。高校需要增加更多人力、物力和财力的投入，从现有的思政教育网络普及性培训中，筛选出最优秀的一批人才，并送往专业培训班或高校的计算机专业进行进一步学习，为他们提供更为专业化的网络知识教育。这样，他们就可以掌握制作思政教育网页、建设思政教育网站以及开发思政教育网络软件的能力，从而更好地贡献于思政教育的发展，拥有一支专门从事思政教育的网络专家队伍才有可能顺利实现。此外，建立"红色网站"的基本条件也能够得到保障，网络思政教育也能得以顺利开展。网络和技术的不断更新能够引导人们的生活方式和思考方式发生变化，人的行为和思想同样也能够影响网络的发展和演变。思政教育工作者可以利用网络技术提升大学生的思想道德素养，随后通过这些具有高水平思政素养的年轻学生进一步宣传思政教育，从而实现一个良性的互动循环。因此，高校需要加强对既有思政教育工作经验同时又精通网络理论和操作经验并且具备创新能力的综合型教师人才的培养力度。

最后，高校思政教育工作者需要调整自身工作方式。在传统的思政教育教学中，通常以教师为主导，教师主要通过向学生灌输知识的方式来传授思政教育内容，学生通常是作为认知主体被动地接受教育。这种教学方式无法吸引学生，无法激发他们的自主学习意愿，同时也无助于培养学生批判性思维、创新能力和发散性思维，对培养创造性人才也没有帮助。此外，传统教学中，教师通常是面向整个班级授课，无法满足学生的个性化需求。因此，教师提供的信息存在一定的局限性，并且缺乏针对性。在当前的社会环境下，高校的思想政治教育工作者需要不断探索创新思政教育的方式和方法以应对新的挑战。教师要积极促进师生之间的双向交流，拓展学生人际交往的渠道，实现教师与学生之间更加多元、平等的互动与沟通。需要留意的是，由于是利用"人—机—人"的交互方式实现双向平等的互动，因此可能导致师生之间缺乏完整的认知与情感交流，可能降低师生之间的情感沟通效果。在此情境下，教师应该充分运用其崇高的品格、广博的专业知识、深厚的教学技能和出色的个人魅力，以情感沟通为核心，来建立教学交流模式。这种模式旨在促进师生之间智力和情感方面的互动。此外，也可借助网络论坛或聊天功能，促进教育者和受教者之间的深度心理沟通，以协助受教者解决心理成长过程中所遇到的问题。由于网络具有匿名性，因此学生能够在网络上表达那些他们平时不方便、不敢或者不愿意说出口的话，比如学习或者生活方面的困扰、同学之间的纷争、对老师和学校的意见以及对引起广泛关注的热点问题的看法等等。通过这种方法，教育者能够了解学生的内在感受和想法，从中识别问题并有针对性地进行相关引导和教育。

（三）加强网络思政教育管理

必须对思政教育网站进行管理才能更好地发挥其功能。高校需要成立一个长期有效的网络信息管理机构，加强对网络的监管和管理。制定网络行为规范，对大学生的网络行为进行审查和监控，以防止不良信息影响大学生的思想，并提高大学生的综合素质，增强他们的自我调节与免疫能力。通过监控分析，高校应及时发现大学生思想上的问题，并实施有针对性的教育，以防患于未然，为学生创造一个健康、明辨是非、弘扬善恶的网络环境。为了确保网络宣传的针对性和质量，高校的思想政治教育工作者需要时刻关注网络信息的状态。同时，对于一些有害信息要及时澄清，纠正错误，以达到净化网络环境的目的。高校在长期的思想政治教育工作中已经积累了大量的思想政治教育管理经验，这些经验可以为网络思政教育的管理提供指导，但由于网络思政教育的特殊性，其与一般思政教育管理不完全相同，因此要在一般思想政治教育管理制度的基础上进行网络思政教育管理的探索。

网络思政教育应该遵守相关法律法规，不能脱离法制的约束。为此，需要先建立完备的网络思政教育管理制度，以此为基础逐渐完善。这些管理制度应该至少包括以下几个方面。

第一，网络思政教育管理的职权制度。要有效地对网络思政教育进行管理，就必须用制度的形式确立思政教育网络管理者的地位及其对思政教育网络运行的职责、权利，使管理者各就其位、各司其职、各尽其责，从而将网络思政教育的管理落到实处。

第二，网络思政教育的交流制度。要充分运用网络的特点，建立思政教育各网站之间、思政教育网站和各相关网站以及和整个网络之间的信息交流制度，以便及时、全面地获取各种教育信息，使网络思政教育的内容更丰富、更充实、更具有实效性。

第三，网络思政教育效果的评估制度。网络思政教育的效果最终当然要体现在现实生活中受教育者的思想和行为上，因而其评估和一般思政教育效果的评估有相同之处。但作为一种独特的思想教育过程，网络思政教育效果的评估又有其特殊性，应制定一些特殊的评估规则和方法。例如，网络思政教育信息被点击的次数，网络思政教育活动的举办次数、参加人数，网络思政教育平台上网民发言的踊跃程度和发言的质量等，都可以作为评估的基本参数，因而应及时缓冲下载加以留存。

第四，网络思政教育信息的监控制度。如前所述，互联网上的信息是非常复杂的，其中一些不良信息会对网络思政教育造成严重干扰。为了使高校网络思政教育得以顺利进行并取得成效，首先要加强网络责任教育，网络上由各种行为引发的各类问题均涉及道德责任教育，如黑客行为、网上侵权行为、网络暴力行为、网络欺诈行为等，这些行为对学生的影响很大，易造成道德失范，影响新时期大学生的人格培养；其次要积极引导大学生正确认识计算机网络的作用，提高其网络信息识别能力，特别是对于那些带有政治目的和意识形态领域倾向性的信息，应引起足够的重视，坚持教育广大学生提高政治观察力，自觉防范不良网络内容的侵袭，从而带动整个校园文化的繁荣发展。

第五，网络思政教育安全管理制度。要采取技术措施，规范上网行为；严格审查在网上发布的各类信息，在网络信息入口处设置一个过滤装置，把所有不利于社会稳定和发展的信息滤出在外；提供免费使用服务的网站应该采取定期检查、实时监控等措施，对不符合网站使用相关规定的内容进行剔除；论坛需要安排专业人员进行管理，以防止论坛里出现“乌烟瘴气”的情况，确保思政教育网络正常运作。

综上所述，高校思政教育网站的发展离不开制度的保障。当然，网络思政教育才刚刚起步，其管理还在不断地探索和架构，相信随着网络思政教育的发展和成熟，随着人们对其认识的不断深入，网络思政教育的管理制度会更加健全与完善。

第三节　高校思政金课品牌传播创新研究

全媒体时代打造高校思政金课是有效传播马克思主义科学理论的重要举措。例如，根据湖北“一省一策思政课”集体行动要求，《深度中国》从形象识别、议程设置、“五 W”模式等传播学视角，在坚守“把关人”“全媒体教育”“课程反馈调节”三条传播“金律”的基础上打造高校思政金课品牌，提升高校思政课的传播力、感染力和亲和力，落实高校立德树人根本任务。

教育是国之大计、党之大计，立德树人是高校立身之本。习近平总书记强调，“思政理论课是落实立德树人根本任务的关键课程”，[①] 我国教育大计中思政课化人育人的重要作用不容忽视。高校作为党的意识形态宣传工作的重要前沿阵地，肩负着传播马克思主义科学理论，培育社会主义建设者和接班人的时代责任和历史使命，必须高度重视高校思政课建设，不断推进高校思政课改革创新，增强思政课的思想性、理论性、亲和力、针对性。当前，面对全媒体环境下高校思政教育面临的种种困境，我们必须深入贯彻习近平总书记关于党的教育系列重要讲话精神，充分挖掘并利用媒介融合信息传播优势，积极打造高校思政金课品牌，全面提高教学质量和水平，增强思政课程亲和力，提升学生获得感，在马克思主义传播过程中最大限度化弊为利，切实提升高校思政教育的实效性和新时代主流意识形态的传播力。

一、全媒体背景下打造高校思政金课品牌的必要性

网络与新媒体高速发展，信息传播已进入全媒体时代，全媒体背景下的马克思主义传播机遇与挑战并存。新时代高校思政金课品牌打造、传播和示范效应能够有效促进全媒体背景下马克思主义的传播和接受，提升主流意识形态的传播力和影响力。习近平总书记强调，“要运用新媒体新技术使工作活起来，推动思想

① 求是网．思政课是落实立德树人根本任务的关键课程 [EB/OL].(2020-08-31)[2023-07-23]. http：//www.qstheory.cn/dukan/qs/2020-08/31/c_1126430247.htm.

政治工作传统优势同信息技术高度融合，增强时代感和吸引力”。[①] 当前，高校思政教育深度融合新媒体技术，不断打造“金课”、淘汰“水课”，旗帜鲜明地强化大学生思想引领，是新时代深入贯彻落实高校立德树人根本任务的政策要求，是有效打破全媒体背景下高校思政教育困境的现实需要，是新时代增强“四个自信”、实现“中国梦”的必然要求。

（一）贯彻落实新时代立德树人根本任务的政策要求

全媒体时代有效提升高校马克思主义传播力，是实现立德树人根本任务的要求，是全面贯彻党的教育方针的关键。习近平总书记在全国高校思想政治工作会议上强调，“要坚持把立德树人作为中心环节”[②]“实现全程育人、全方位育人”，[③] 再次明确了我国高校思政教育工作的战略目标和前进方向。新时代狠抓高校思政教育工作是深入贯彻习近平总书记关于思政教育系列重要讲话和精神的时代需要，也是我国教育始终保持正确政治方向的根本保证。全媒体时代打造高校思政金课是思政教育改革创新的关键举措，对于深入推广高校思政教学成功经验、强化品牌教学示范效应、高效宣传马克思主义具有重要意义。新时代多元思潮的存在使我国意识形态教育环境愈加复杂，在坚持高校思政理论课基本教学方向基础之上，我们仍需大力构建新时代高校思政金课教育大格局，不断增加高校思政教学含金量，使主流意识形态的学习在大学生教育中扎实有效入脑入心。当前，我国处于世界百年未有之大变局，培养能担当民族复兴大任的时代新人，必须加强高校思想政治工作，打造高质高效、全方位育人的高校思政金课，教育引导学生树立共产主义远大理想，培养听党话、跟党走的社会主义建设者和接班人。

（二）扭转全媒体时代高校思政教育不利形势的现实需要

习近平总书记指出，“伴随着信息社会不断发展，新兴媒体影响越来越大”，[④]

---

① 求是网．增强新媒体环境下思想政治工作质效 [EB/OL].（2020-09-16）[2023-07-23].http：//www.qstheory.cn/llwx/2020-09/16/c_1126500397.htm.

② 中国教育新闻网．高校要坚持把立德树人作为中心环节 [EB/OL].（2017-08-30）[2023-07-23].http：//www.jyb.cn/zggdjy/tjyd/201708/t20170830_707979.html.

③ 中国教育新闻网．高校要坚持把立德树人作为中心环节 [EB/OL].（2017-08-30）[2023-07-23].http：//www.jyb.cn/zggdjy/tjyd/201708/t20170830_707979.html.

④ 中国记协网．加快推动媒体融合发展 构建全媒体传播格局 [EB/OL].（2019-03-15）[2023-07-23].http：//www.xinhuanet.com/zgjx/2019-03/15/c_137924490.htm.

全媒体背景下高校思政教育迎来了机遇，但也面临着前所未有的巨大挑战。互联网具有开放共享的主要特征，全媒体时代的信息传播可控性较差，而大学生是思维活跃的网络强用户群体，极易接受各种网络新思想、新内容、新事物，这对高校思政教育的主导地位产生了强烈冲击。在各种思想文化交融、交锋频繁的新时代，我们要始终坚持马克思主义的指导地位，强化高校思政教育的广度和深度，变思政“水课”为“金课”，提升大学生思想政治学习的自觉性和获得感。此外，面对全媒体教学中出现的新情况和新问题，仍有不少高校思政课教师固守传统教学思维方式，其教学模式、授课内容不能因时而变、因势而变，无法对接时代热点和学生群体关注点，导致思政课堂出现漫灌不进的现象，使得高校思政教育主阵地的使命无法真正落实生效。因此，全媒体背景下打造高校思政金课品牌，是有效增强高校思政课程思想性、理论性和引导性以及增强思政教学吸引力、说服力、感染力和亲和力的重要举措。

二、“深度中国”视角下高校思政金课品牌的输出过程

“深度中国”是华中科技大学在深入学习和贯彻落实习近平总书记关于高校思政教育系列讲话和精神基础上打造的爆款思政课程，目前已作为湖北省唯一代表成功入选教育部“一省一策思政课”集体行动，是大学生思政课程改革创新的一次成功探索。当前，该课程受众范围广泛，已形成金课品牌示范效应，经过成熟后的经验总结和推广，已带动并孵化出一系列创新型思政教学课程，如“当代中国”“加油中国”“生命长江”“尚美中国”“温情中国”等，有效提升了马克思主义科学理论在大学生中的传播力和引领力。教学目标是一切教学活动的逻辑起点和终点，从传播学视角考察“深度中国”，从“产品”萌芽、“产品”成型到最终金课“输出”的整体过程，能够凝练出先进的思政教学和传播经验，深入推动周边地区高校思政课程的“课堂革命”，最终形成“圈式涟漪”的波动改革效果，为当前高校思政课改革创新提供参考，为新时代我国思政课程建设深入推进、全面进步增加动力，进而培养德智体美劳全面发展的社会主义建设者和接班人。

（一）“深度中国”思政课的品牌雏形

高校提高主流意识形态教育实效性的关键是作为接受主体的大学生的自觉反

思和对知识的内化吸收，大学生思政教育有效接受的前提是受众学生群体对课程的认知、识别和认同程度。一门好的思政课能够使学生产生深刻印象和情感共鸣，进而激发学生内心自发式学习的动力和兴趣，变高校思政教育“要我学习”为“我要学习”。面对认为思政课“无聊”“乏味”的学生群体，我们应创新思政课教育和传播方式，提升思政课识别度、趣味性、艺术性和吸引力，提高学生对课程的新鲜感和关注度。因此，课程形象识别系统便成为高校思政金课品牌打造和传播的必备要素，该形象识别系统主要包括理念识别、视觉识别、行为识别和听觉识别 4 个维度。高校思政金课拥有自身品牌的战略定位、核心识别以及品牌传播的必备元素。其中，金课品牌的战略定位具有方向导向作用，其核心识别是课程品牌的根基所在，代表了课程品牌的价值主张和最初使命，课程品牌传播的必备元素则包含课程名称、课程理念等。

“深度中国”高校思政公选课自开创以来便以习近平总书记高校思政教育系列思想为指导，输入打造金课课程意识，并将课程品牌形象符号化，在运行之中巧妙设计、创意执行，目的在于“积极试水”，打破高校思政课程以往的刻板印象，创新教学内容方式，突破课程效果困境，促进课程思想入脑入心。该课程创意设计了 4 个形象识别子系统，即课程理念和口号为“深度地了解中国、了解深度的中国”，这是课程的理念识别维度，使课程有了独特的身份和自我；其课程 LOGO 也经过精心设计，制定了标准色和标准字，这是课程的视觉识别维度，使课程理念得到更鲜明化地视觉表达；其课程教学方式也更为新颖多样，“一课多师、多师同堂”的教学模式是其行为识别维度，使课堂教学更具识别性；“乡愁四韵”是课程的听觉识别维度，歌曲中特有的家国情怀在无形中激起了大学生满满的爱国情怀，每一季的开场歌唱都能带动大学生的现场合音和情感共鸣，这种认知与情感上的深度体验使课程获得了“季季相传”的高认同和好口碑。其中，媒介的重要作用贯穿于整个课程体系全过程。总之，“深度中国”思政公选课通过品牌自身完整的形象识别系统和新媒体的充分运用，使课程品牌内容和形式得到深化，品牌雏形得以形成，品牌思想得以传播。

（二）“深度中国”思政课的品牌深化

全媒体背景下媒介教学和媒介素养的重要作用不言而喻，在媒介效果理论中，传播者的主导和把关作用不容忽视。高校思政教育中的议程设置能够帮助传播者有效提升课程的导向性和实效性，在传播主旋律过程中对学生思想和行为进行主动影响和把控，通过思想政治教育对学生思想进行正向塑造。高校思政教育实效性取决于受众对教育内容的有效接受程度。议程设置理论的核心是强调大众传媒可以借助“特定内容”传播对社会大众实施“既定影响”，而高校思政议程设置能够优化事件、理论等接受客体，并在保证正确价值导向的基本前提下提高课程内容质量、满足学生知识诉求、提高学生课程获得感。全媒体时代高校思政教育应积极运用议程设置功能，结合学生群体心理认知规律合理设置教学内容，主动设置具有时代性、生活性、网络流量性的正向课程议题，于思想文化多元交织的网络中获取正能量教学素材，将主流意识形态话题置于“非主流”怪谈之上，实现大学生思政教育的真正内化和有效接受。此外，高校思政课程议程设置，能够使教师对知识内容、时效和范围有效选择和适当掌控，于万千网络思想话题中主动筛选出符合学生兴趣关注点的话题，从而有效提升思政课程的可控性和实效性。

“深度中国”始终围绕“立德树人”根本任务开展教学工作，课程口碑和品牌效果的深化在很大程度上得益于对课程议程设置的运用。课程聚焦新时代中国理论与实践中的时事热点问题，内容涉及经济、政治、文化、社会、生态、外交等方面，“一课多师、多师同堂”的教学模式与专题、对谈、问答等多种教学形式相结合，带领学生从多视角、多层次、多方位对所授问题进行解析，使马克思主义理论教育获得较强的传播力度和良好的传播效果。课堂上学生的积极参与互动、课后学生“更爱祖国式”的情感抒发和大量“良心好课”的效果反馈是课程传播力度和传播效果的最佳说明。“深度中国”每季课程 12 讲，开课前的议题选取和每节课课前的集体备课最大限度地保证了思政课程的可控性和实效性。“深度中国”在充分把握大学生思政特殊教育价值的基础上挖掘每节课程内容和授课方式的趣味性，同时关注现实进行情境教育，避免了大而空的理论说教，引起了学生的共鸣，“润物细无声”式地输入了主流意识形态，激发了学生的爱国情、报国志。“深度中国”课程始终坚持举旗导向、内容为王，在充分运用新媒体的基础上提升教师和学生的媒介素养、合理设置议题、深化教学内容，其课程议程设置既“接地气”又“接仙气”，既有“下沉”又有“升华”，使大学生高校思政教育印象得到改观，提高了大学生的听课积极性和主动性，在增强高校思政课思想性、理论性的同时，有效提升了思政课程的吸引力和亲和力。

（三）“深度中国”思政课的品牌形成

“深度中国”课程至今已成体系，其整个课堂教学过程深度融入“互动”要素，每个课程建设环节都实现了全员深度互动的良好传播效果。“深度中国”在构建课堂教学“五 W”模式中，变课堂被动灌输为学生自觉主动吸收，把握住了全媒体时代学生思维导向的主动性，提升了高校思政教育的实效性，促进了马克思主义在学生群体中的有效传播。基于“五 W”模式的“深度中国”深度互动式思政教育传播已成体系，主要表现在以下 5 个方面。

第一，该课程创设以马克思主义学院教师团队为主，积极吸纳其他领域优秀教师团体，充分挖掘教师团队才能智库，促使其主观能动性充分融合课程议题，在主流意识形态传播过程中将“控制”和“把关”的主动权牢牢掌控在手中，并在课堂教学过程中增强实效性互动环节，激发了学生听课和思考的兴趣。

第二，在紧密结合时代条件和受众特点前提下，围绕议题设置精心组织团体备课，选取同时代与主旋律深度契合的鲜活素材，潜移默化地传播教育思想内容。

第三，课程始终重视传播渠道的分析和运用，结合新时代特征发挥新媒介传播优势，在媒介融合基础上进行线上线下思想教学深度互动传播。如“深度 CN”微信公众号是对自媒体平台的深度运用，主要用以推送课前预告和课后总结，与学生实时“交流”思想。“微助教”“雨课堂”“微弹幕”“电子邮箱”等新媒体的使用更深化了课程交流和互动效果。

第四，课程高度关注学生群体的所思、所需、所感，创新多种途径和方式对教育者、教育内容、教学传播媒介进行提升，并以增强大学生思政教育获得感和实效性为目标，在整个课程体系中以学生为中心进行课程教学和马克思主义传播。如“新三十六计——我为祖国献计策”的课程作业体系的建立和实施，就是以学生群体为中心，进而提升思政教育有效接受的重要举措。

第五，课程也对传播效果反馈加倍重视，“深度中国工作坊”的开展和运作、“微助教”感想与建议的收集和反馈，以及课后学生反馈体系的建立都大大推动了课程发展和主流思想传播。

总之，“五 W”思政教育传播环节的自成体系与有效运转推动了“深度中国”

思政金课的体系化和品牌的形成。该课程通过对五个要素的深入分析、把控和运用，通过高度整合“五 W”模式的思政教学体系化过程，使教师与学生之间最终建立了深度的互动机制，提高了课程主流意识形态传播效果，有效促进了“深度中国”高校思政金课品牌形成，并成功输出价值导向和意识，获得了高校思政教学传播的最佳效果。

三、新时代条件下高校思政金课品牌的打造金律

高校作为马克思主义理论宣传工作的前沿阵地，承担着“立德树人”的重要责任和使命。全媒体时代“宣传思想工作要把握大势，做到因势而谋、应势而动、顺势而为”，[①] 要深刻把握媒体融合发展规律，最大限度化弊为利，推进高校传播马克思主义的时代使命。新时代条件下高校积极响应党的高校教育改革号召，在全面梳理课程教学内容时，要不断淘汰“水课”，致力打造“金课”。结合“深度中国”成功经验，打造高校思政金课必须要下“真功夫”，坚守其锻造“金律”。具体而言，高校思政教育必须举旗为向，教育传播者必须坚守新时代思政教育“把关人”职责，在媒体融合新时代必须不断增强全媒体平台传播和教育功能，并建立高校思政课程反馈调节机制，以促进大学生对思政教育的有效接受，做好新时代高校学生思想引领和价值导向工作，真正落实党的教育工作方针。

（一）坚守新时代高校思政教育“把关人”职责

高校思政教育中教学传播者是知识传播的主体“选择者”和“把关人”，主导着教育的方向和目标，具有重要的信息传播和“把关”作用。在海量网络信息传播中，传播者和受众是信息传播的双重主体，两者分别是传播流程中的起点和终点，但自媒体的不断发展使得传播者与受众之间界限愈加模糊，其角色也在不断转换，加剧了信息引流和控制的难度，也为当前高校主流意识形态教育带来了巨大挑战。习近平总书记指出，“培养什么人，是教育的首要问题”，[②] 在受众获取信息来源和渠道多样化的全媒体新时代，作为高校思政教育的“把关人”，应在

① 周凯，胡玥．网络经济：市场、传播媒介与多元治理 [M]. 长春：吉林人民出版社，2021.

② 中华人民共和国教育部．培养什么人，是教育的首要问题——论学习贯彻习近平总书记全国教育大会重要讲话精神 [EB/OL].（2018-09-13）[2023-07-23].http：//www.moe.gov.cn/jyb_xwfb/xw_zt/moe_357/jyzt_2018n/2018_zt18/zt1818_pl/mtpl/gmrb/201809/t20180913_348501.html.

信息传播对应环节发挥“把关”作用，凝聚大学生基本价值共识，确立学生价值认同“最大公约数”，培养理想信念坚定的社会主义合格建设者和可靠接班人。

坚守新时代思政教育“把关人”职责，应在“方向把关”和“内容把关”两个方面下功夫。第一，“方向把关”为魂，高校思政教育中始终保持马克思主义的政治方向为根本，也是激发伟大精神、塑造价值共识、实现伟大事业的必然要求。一方面，教学课堂是高校信息传播和价值引导的主要空间，发挥高校思政课堂意识形态建设主渠道作用至关重要；另一方面，随着网络课堂教学的兴起和传播，新媒体平台的价值导向作用不容忽视，教师作为传播者在使用微博、微信等自媒体时，其网络互动行为在大学生中能够产生引导作用。因此，教师应时刻强化“把关”意识，做合格的思想文化传播者和我们党执政的坚定支持者，担当起作为学生人才成长指导者和引路人的职责和使命。第二，“内容把关”为要，“把关”不仅是对教学信息的筛选过滤，更是对教学内容的再次加工，进而有效提高教学质量。传道者只有在明道、信道前提下做好信息的加工和再加工，才能实现知识传授的“内容为王”目标。习近平总书记强调，“思政课作用不可替代，思政课教师队伍责任重大”，[①] 上好思政课的关键在于教师。因此，思政课教师要注重提高政治理论素养、教学技能等方面的“硬实力”，结合时代所需、学生所想，做好新时代高校思政教学的“内容把关”工作。

（二）增强高校全媒体平台思政传播和教育功能

全媒体信息时代的交往和信息传播方式已发生巨大改变，媒介融合传播已是不可逆转的时代潮流，当前运用网络空间和新媒体平台传播优势能够有效提升我国主流意识形态的影响力和传播力。高校思政教育应转变传统教学思维模式，树立互联网教学思维方式，不断提升教师媒介素养，增强课中、课后全媒体平台的运用、传播和教育等功能。媒介就是插入传播过程之中，用以扩大并延伸信息传送的工具，也即传播过程中承载内容的传播工具，对新传播媒介载体的充分运用能够有效满足时代要求、拓宽信息传播渠道、增强信息传播力度。因此，高校思

① 光明日报.思政作用不可替代 思政教师责任重大——与会教师热议习近平总书记在学校思政教师座谈会上重要讲话 [EB/OL].（2019-03-19）[2023-07-23].http：//news.nankai.edu.cn/mtnk/system/2019/03/19/000438565.shtml.

政教学过程中应充分发挥新媒体平台教学和传播优势，在提升议题设置能力基础上，充分挖掘和利用网络空间载体，主动把握网络舆情发展动态和趋势，积极引导大学生价值判断和思想取向，促进主流意识形态的有效传播和接受。

习近平总书记强调，“要用好课堂教学这个主渠道”，[①] 教学课堂是高校思政教育教学的主阵地，要在知识信息和主旋律传播课堂载体中加入新媒体流量要素，在创新知识内容呈现方式的同时增强课堂吸引力和说服力，在话语转换的同时增强马克思主义理论的理解力、阐释力和鲜活力，变学生“被动参与”为“主动共建”，变学生“政治冷漠”为“政治热情”，从而有效促进大学生对马克思主义理论的主动内化和吸收。另外，除了课堂公共空间的新媒体平台运用，高校还要加强课后网络空间的媒介使用和传播导向功能。比如在政治定向的基本前提下，以大学生喜闻乐见的话语结构和传播模式，使用微信公众号、朋友圈等自媒体平台传播马克思主义科学理论，在拓宽主旋律传播渠道的同时，也有效提升了高校主流意识形态的传播力和渗透力。

（三）建立高校思政课程反馈调节机制

习近平总书记强调，“思想政治工作从根本上说是做人的工作，必须围绕学生、关照学生、服务学生”，[②] 大学生是高校思政教育实效性提升的关键主体之一，高校要以学生为中心开展高校思政教育各项工作，实现“教人”和“育人”的统一，做到“以人为本”。高校思政教育有效接受的关键在于教育信息和育人理念能否为学生群体最终接受、内化和吸收，而以往高校思政教学中常常忽略知识传播过程中的关键一环，即学生课程反馈环节，往往将学生中心地位边缘化，仅靠课堂灌输进行教学知识传授，造成教学信息的单向流动传播，无法形成教学信息在各要素间的完整“回流”传播，导致教人和育人双重目标的实际效果较差，阻碍了高校思政教育有效性的提升。因此，高校要从受众视角着手改进高校思政课传播效果，从受众中心模式出发了解、吸纳学生所需，建立课前、课中、课后以及线上、线下的高校思政课程实时反馈调节机制，打造以“人”为中心的有效思政课程实

① 中国网．用好课堂教学主渠道 筑牢意识形态主阵地 [EB/OL].（2018-04-04）[2023-07-23]. http：//www.china.com.cn/opinion/theory/2018-04/04/content_50811615.htm.

② 映像新闻．思想政治工作根本上是做人的工作 [EB/OL].（2016-12-12）[2023-07-23].http：//www.hnr.cn/news/pl/yxwp/201612/t20161212_2838645.html.

体，关注、回应并解决好课程反馈环节出现的种种问题，促进马克思主义的广泛传播。

第四节　高校思政教育手机引导机制创新研究

全媒体时代的到来，使各类新型媒介形式占据了时代主流，极大地改变了人们的生活、学习方式。手机媒体是人们平时使用最为广泛的工具，在高校思政教育中扮演着非常重要的角色。因此，各高校要加快高校思政教育手机引导机制的构建，从教学观念、教学资源、教学环境、媒介素质等方面出发，为高校思政教育效能的提升开辟思路，从根本上提升教学实效。

手机作为高校大学生重要的交流工具，它的存在改变了大学生的思维方式、学习方式和交流方式，积极发挥手机在高校思政教育中的引导作用，有效地促进知识学习、信息共享、在线交流、课下探讨，有利于保证思政教育的有效性，全面提升学生的综合素质。

一、全媒体环境下手机引导对高校思政教育的意义

全媒体是所有信息媒介形态的综合体，是网络化时代的重要表现形式。所谓的全媒体语境，是指以多样化的媒介形式为核心所展现出来的传播语态，它构成了现代社会传播的总体环境。手机媒体是以多元化的网络信息为内容，以手机为终端向大众传达各类信息的媒介形式，它具有一般媒体所不具备的各种特征，集移动性、开放性、互动性、娱乐性等多种特征于一体。

手机是大学生必备的交流工具，借助手机可以实现随时随地地资源共享和信息交流，手机以其较强的互动性、即时性、针对性等突出特征，给大学生学习提供了便利。第一，学生可以借助微信、微博等各类 APP 进行自主学习，借助手机解决课堂学习中不明白的问题，实现教学课堂的无限制延伸，大大增强思政教学的灵活性。第二，手机具有传统课堂所不具备的优势，其所承载的视频、图片、音乐、文字等信息具有较强的视觉感和立体感，这符合学生思政学习的心理诉求，消解了他们内心对思政学习内容的排斥，从而激发学生的学习欲望和兴趣，最终实现高校思政教育效能的提升。

二、全媒体环境下高校思政教育手机引导面临的挑战

手机是一把双刃剑，它在为学生思政学习提供便利的同时，也携带了大量的负面信息，给大学生思政教学带来了极大挑战。手机媒体的开放性、不可控性在一定程度上造成教学秩序混乱和教学效果降低，同时也对师生的媒介素质提出了较高的要求。

（一）手机媒体的开放性瓦解了思政教学秩序

手机媒体具有很强的开放性，它突破了传统课堂的限制，以较快的速度实现了知识和信息的网络化传播。网络信息具有很强的碎片性，再加上高度自由开放的网络空间，其在很大程度上冲击了教学规范和教学秩序，导致高校思政教学体系混乱。手机媒体中不仅包含大量的思政学习内容，同时也包含很多良莠不齐的信息，而手机没有自动筛选功能，学生在进行思政学习时，往往会将这些知识和信息一并接收，从而降低了思政教学的有效性。同时，手机媒体固有的娱乐性让一些学生过度沉迷于视觉刺激中，他们对网络视频具有浓厚的兴趣，而缺乏对网络知识的关注，不利于教学秩序的建立。

（二）手机媒体的不可控性弱化了思政教学效果

手机媒体具有虚拟性的特点，这在很大程度上强化了其不可控性。随着多元文化的渗透，西方的自由思想、个人主义、享乐主义等思潮在网络上不断蔓延开来。由于大学生的心智还不够成熟，他们在学习思政知识时，往往会被这些不良的思想侵蚀，从而导致其价值观逐渐被影响，不利于大学生形成健全的人格。与此同时，网络媒体的开放性和即时性，也极大地促进了快餐文化的广泛传播，这也在无形之中冲击了高校思政教育，不利于学生思想政治素质的有效提升。

（三）手机媒体对师生媒介素质提出更高的要求

手机媒体对师生媒介素质提出了更高要求，但目前，很多高校思政教育工作者使用媒体的能力不强，无法通过手机提取到有效的教学信息，而不少学生的分辨能力和思考能力较弱，面对良莠不齐的手机网络信息，他们很难抵制不良信息的诱惑，也很难从中选择健康、正向的学习内容。正是由于广大师生的媒介素质不高，所以他们在进行思政学习的时候，很难最大化地发挥手机媒体的优势，不

利于从根本上提高思政教育效果。由此可见，只有从根本上建立有效的高校思政手机引导机制，才能缓解这一问题。

三、全媒体环境下高校思政手机引导教育机制的构建

构建完善的高校思政手机引导教育机制，实现手机媒体与高校思政教学的有效结合，能在最大程度上发挥手机媒体优势的同时从根本上提升思政教学效果。因此，高校应从转变观念、资源整合、环境塑造、素养提升等几个维度来进行思考与实践，促进高校思政教育质量的提高。

（一）转变观念以明确手机引导对思政教育的意义

手机是高校大学生运用最多的交流工具，引导大学生合理运用手机进行学习，不断削弱手机的娱乐性，发挥其知识传播价值，是当前高校教育的重要支撑点。与传统高校思政教育相比，手机媒体为大学生学习营造了一个开放、多元、互动的学习空间，丰富的内容和便捷的学习渠道正是传统课堂所不具备的。因此，教师要转变传统的“手机影响学习”的理念，认清手机媒体对思政教育的意义，从而充分利用手机媒体的互动性、高效性、便捷性、即时性等优势，加强思政教学。

（二）资源整合以打造丰富优质的思政教学内容

高校思想政治是一门相对来说较为灵活的学科，其教学内容并没有严格化的专业限制，社会百态、新闻报道、校园生活等都是思政教学素材的来源。传统课堂思政教学主要以课本教材为主，这种相对来说较为闭塞的知识传播载体影响了学生思维的延伸，而手机媒体则以较强的传播速度和信息获取速度为学生呈现了丰富的知识和信息，从而保证学生自主学习热情的提高。因此，各高校要利用手机媒体，加强资源整合，打造出丰富优质的思政教学内容。第一，借助手机搜集思政教育信息，以教学主题为核心线索对知识进行系统化梳理，在实现知识趣味性和丰富性的同时，更要保证教学资源的内在逻辑性，从而减少知识碎片化带来的教学资源混乱的影响。第二，保证知识和信息的时效性。各高校要充分发挥手机媒体即时性的优势，及时捕捉社会新闻热点和典型事件，并与教学内容深度结合，从而更好地推进高校思政教学设计。第三，充分利用手机媒体的搜索引擎功能，开辟多元化的高校思政手机教学平台。各高校既要借助现有的网站、微信公

众号、微博、知乎等形式，同时也应开辟思政教学网络课堂，让手机媒体真正发挥思政教育作用。

（三）环境塑造以建设健康的手机思政教学校园文化

让手机教学成为一种校园文化，成为一种主流的教学形式。高校在进行思政教育的过程中，必须要借助校园文化的约束功能来对手机思政教学进行有效的引导。第一，学校应该重点关注校园内网、无线网的顺畅，为学生手机学习提供有力保证，多在校园内网更新健康的思政教学内容，真正让学生随时掌握最新的思政教育内容。第二，积极举办以“手机思政学习”为核心的校园主题文化活动，如以社会热点话题为内容，通过微信互动、微博互动等方式展开，提升学生的参与度。因此，高校思政教育工作者要善于引导学生使用手机，不断强化手机正向教育功能的实现，从根本上为高校思政教育工作提速。

参考文献

[1] 范福强 . 高校思政教育与大学生择业的研究 [M]. 延吉：延边大学出版社，2022.

[2] 陈金平 . 多媒体时代高校的思政教育研究 [M]. 北京：北京工业大学出版社，2020.

[3] 任金晶 . 新时期高校思政课程理论与实践探索 [M]. 长春：吉林大学出版社，2022.

[4] 寇进 . 全媒体环境下高校思政教育创新研究 [M]. 延吉：延边大学出版社，2022.

[5] 孙丽娟 . 新时期高校思想政治教育理论与实践 [M]. 延吉：延边大学出版社，2022.

[6] 钟燕 . 新媒体视野下大学生思政教育创新探索 [M]. 天津：天津人民出版社，2022.

[7] 李娟 . 全媒体环境下高校思政教育改革创新研究 [M]. 北京：北京工业大学出版社，2020.

[8] 秦艳姣 . 全媒体环境下高校思政教育新探索 [M]. 北京：北京工业大学出版社，2020.

[9] 向宜 . 新媒体环境下高校思政教育 [M]. 沈阳：辽海出版社，2019.

[10] 王邵军，王莉莉 . 新时代高校实践思政教育创新研究 [M]. 北京：经济科学出版社，2021.

[11] 张子宇 . 互联网时代背景下高校思政教育改革路径探索 [J]. 时代报告，2023（04）：100-102.

[12] 朱妍，苗赵阳，孟艓，等 . 信息技术助力高校思政教育改革 [J]. 时代报告，2023（02）：143-145.

[13] 褚翔宇，杨青运 .“互联网 +”背景下高校思政教育的实践研究 [J]. 新课程教学（电子版），2023（04）：179-180.
[14] 马志刚 . 校园文化对高校思政教育的重要性 [J]. 时代报告，2023（02）：99-101.
[15] 付雯 . 多元文化与高校思政教育改革研究 [J]. 才智，2023（02）：53-56.
[16] 张维倩 . 新时代提升高校思政教育亲和力的路径研究 [J]. 时代报告，2023（01）：130-132.
[17] 秦怡 . 互联网时代高校思政教育对策分析 [J]. 才智，2022（35）：17-20.
[18] 蒋华 . 新时代高校思政教育工作的思考与探索 [J]. 山西财经大学学报，2022，44（S2）：79-81.
[19] 王鑫，王金河 . 全媒体在高校思政教育中的有效应用策略探索 [J]. 湖北开放职业学院学报，2022，35（20）：90-92.
[20] 成曼丽 . 数智化时代高校思政教育工作的守正与创新 [J]. 长春大学学报，2022，32（08）：54-56+64.
[21] 朱彬 . 高校思政教育网络资源建设研究 [D]. 南昌：南昌大学，2022.
[22] 李蓉 . 新时代高校思想政治教育数据育人问题研究 [D]. 成都：电子科技大学，2021.
[23] 林泉伶 .“课程思政”：新时代高校思想政治教育新途径研究 [D]. 南京：南京邮电大学，2019.
[24] 孙希颜 . 高校思政课与校园文化协同育人创新路径研究 [D]. 无锡：江南大学，2019.
[25] 余亚文 .“微时代”下高校思想政治教育发展路径创新研究 [D]. 南京：东南大学，2019.
[26] 崔玉君 . 改革开放以来高校思想政治教育话语的演变与发展趋势 [D]. 太原：太原理工大学，2017.
[27] 陈功力 .“互联网 +”时代背景下高校思想政治教育创新研究 [D]. 西宁：青海大学，2017.
[28] 阙亚冠 . 坚持以人为本加强高校思想政治教育的改革与创新研究 [D]. 太原：中北大学，2014.

[29] 杨纯婷 . 新媒体环境下的高校思政教育手段研究 [D]. 上海：上海师范大学，2013.

[30] 赵宇华 . 网络环境下高校思政教育面临的问题及对策研究 [D]. 太原：中北大学，2011.